Katharina Schlegl-Kofler

Der Hund

Artgerecht halten

Gesund ernähren

Richtig verstehen

Fotos: Monika Wegler

Zeichnungen: Renate Holzner

INHALT

1 Sich vor der Anschaffung informieren

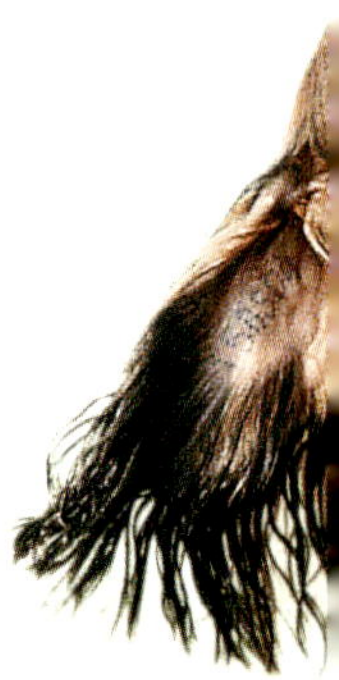

2 Richtig halten und pflegen

3 Verstehen lernen und beschäftigen

Allgemein Wichtiges

Kinder-Extra

Sich vor der Anschaffung informieren

Hunde haben sich im Lauf der Jahrtausende am engsten von allen Heimtieren an den Menschen angeschlossen. Aber sie tragen immer noch das Erbe des Wolfes in sich.

Der Hund und seine Geschichte

Bis vor noch nicht allzulanger Zeit vertraten manche Forscher die Meinung, der Hund habe sich aus dem Wolf, dem Goldschakal und dem Kojoten entwickelt.
Heute jedoch gilt als gesichert, daß der Wolf (*canis lupus lupus*) der alleinige Urahn unseres Haushundes (*canis lupus familiaris*) ist. Zu diesem Ergebnis kamen namhafte Wissenschaftler durch anatomische Vergleiche sowie durch Beobachtungen des Verhaltens und Kreuzungsexperimente.

So kam der Wolf auf den Menschen

Bereits während der Eiszeit, also vor etwa 14000 Jahren, schloß sich der Wolf den damaligen Menschen an.
Warum er das tat, darüber lassen sich nur Vermutungen anstellen. Vermutlich hielten sich einige weniger scheue Tiere in der Nähe menschlicher Lagerstätten auf, um sich von den Abfällen zu ernähren, und hielten so das Lager sauber. Deshalb wurden sie

Faszinierend, die blauen Augen des Siberian Husky. Er sieht dem Wolf sehr ähnlich.

Sibirischer Wolf. Es gilt als gesichert, daß der Wolf der Ahne unserer Haushunde ist.

von den Menschen geduldet und wahrscheinlich in kargen Zeiten sogar als Nahrungsquelle genutzt.

Eine engere Beziehung entstand, als Frauen sich Wolfswelpen aus der Wildnis holten, sie säugten und aufzogen, weil sie vielleicht ein eigenes Kind verloren hatten.

Wahrscheinlich waren unter diesen von Hand aufgezogenen Welpen immer wieder welche, die weniger Scheu vor den Menschen hatten und im Lager blieben, während die anderen wieder den Weg in die Wildnis suchten.

Andere Theorien, etwa der Wolf als Jagdhelfer des Menschen oder Bewacher des Lagers, erscheinen unwahrscheinlich. Wölfe verteidigen ihre Beute äußerst aggressiv und würden sie niemals teilen. Zur Bewachung sind sie ebenfalls ungeeignet. Sie verteidigen ihr Revier zwar gegen andere Wolfsrudel, Unbekanntem gegenüber sind sie jedoch sehr ängstlich und fliehen. Außerdem bellen Wölfe nicht.

So wurde aus dem Wolf der Hund

Die Wölfe, die in den Lagern und Siedlungen der Menschen blieben, bildeten mit der Zeit einen vom Wildtier Wolf isolierten Bestand. Dies ist eine wichtige Voraussetzung für die Haustierwerdung, die Domestikation. Die Zeitspanne, in der aus dem Wolf der erste Hund wurde, umfaßt möglicherweise mehrere Jahrtausende. Eine genaue Datierung und Zuordnung früher archäologischer Funde aus dem Paläolithikum ist sehr schwierig, da sich anhand der Knochen oft nicht mit Sicherheit sagen läßt, ob es sich bereits um einen Hund handelt oder noch um einen – wenn auch schon anatomisch etwas veränderten – Wolf.

Die wichtigsten Funde, die eindeutig Hunden zugeordnet werden, stammen aus dem Mesolithikum, das mit dem Ende der Eiszeit begann. So wurden in Nordamerika, in Idaho und Illinois, Teile von Hundeskeletten entdeckt, die etwa 10400 und 8000 Jahre alt sind. In der Nähe von Frankfurt am Main wurde das ziemlich vollständige Skelett eines dingoähnlichen Hundes gefunden, das ebenfalls etwa zehntausend Jahre alt sein dürfte.

Auch die ersten bildlichen Darstellungen von Hunden stammen aus dieser Zeit. Das Verbreitungsgebiet des Hundes erstreckte sich bereits damals über die ganze Welt.

Mit der Zucht erster weniger Rassen begannen die Menschen vor etwa 4000 Jahren. Es waren überwiegend Windhunde, die für die Jagd gezüchtet wurden, und Mastiffs als Schutz- und Kampfhunde.

Allmählich entstanden immer mehr Rassen, aber erst seit etwa 2000 Jahren werden Hunderassen ganz gezielt gezüchtet. Die Entstehung der meisten Rassen fällt jedoch erst in die Neuzeit.

Heute existieren gut 350 verschiedene Hunderassen, und kein Haustier weist eine ähnliche Vielfalt auf wie unser Hund.

TIP

Bevor Sie sich einen Hund ins Haus holen, sollten Sie sich auch über das Leben von Wölfen informieren. Auch heute noch gehen viele Verhaltensweisen unserer Hunde auf deren Vorfahren, die Wölfe, zurück. Zu wissen, weshalb Ihr Hund ein bestimmtes Verhalten zeigt, fördert die Mensch-Tier-Beziehung.

Die englische Bulldogge entstammt einer alten englischen Kampfhundrasse.

Coton de Tulear. Ein liebenswerter Kleinhund, dessen Heimat die Insel Madagaskar ist.

Manche Rassen sehen sogar so unterschiedlich aus, daß man glauben könnte, sie gehören anderen Tierarten an.

Das Verhältnis des Hundes zum Menschen

Kein anderes Haustier schließt sich so eng dem Menschen an wie der Hund.

Immer noch geprägt vom Stammvater Wolf, ist der Hund nicht nur prädestiniert für ein Leben in einer sozialen Gemeinschaft, sondern regelrecht darauf angewiesen.

So hat z. B. ein einzelner Wolf in der Wildnis kaum eine Überlebenschance. Er kann nur im Rudel existieren.

Durch die Domestikation (Haustierwerdung) hat der Hund die dem Wolf angeborene Scheu vor dem Menschen verloren. Der Mensch ist sogar ein wichtiger Sozialpartner für den Hund geworden.

- Sehr oft sind Hunden »ihre Menschen« wichtiger als »echte« Artgenossen.
- Hunde sind in der Lage, die Körpersprache und auch die Stimme des Menschen zu verstehen und darauf zu reagieren.
- Der Hund braucht engen Kontakt und klare Regeln für ein harmonisches Zusammenleben mit dem Menschen. Nur so entwickelt er Vertrauen und Sicherheit zu ihm und fühlt sich in seinem »Menschenrudel« geborgen.
- Der Hund muß sozusagen wie ein neues Familienmitglied integriert werden, wobei es aber ganz wichtig ist, den Hund auch als solchen zu behandeln und ihn nicht etwa zu vermenschlichen.

Überlegungen vor der Anschaffung

Um herauszufinden, ob ein Hund das richtige Heimtier für Sie ist, sollten Sie sich die folgenden Überlegungen genau durch den Kopf gehen lassen.

Grundsätzliches

1 Viele Menschen sind allergisch gegen Hundehaare. Befragen Sie einen Arzt, wenn jemand aus Ihrer Familie allergisch veranlagt ist.

2 Ein Hund kann 10 bis 15 Jahre alt werden. Sind Sie bereit, so lange die Verantwortung für ein Tier zu übernehmen?

3 Außer Futter benötigt ein Hund einiges an Ausstattung (→ Seite 52). Auch eine Haftpflichtversicherung und Besuche beim Tierarzt sind nicht zu vergessen. Dies alles verursacht erhebliche Kosten.

4 Hunde bringen eine Menge Schmutz ins Haus, und die meisten verlieren das ganze Jahr über mal mehr und mal weniger Haare. Das kann Nerven kosten.

5 Wer kümmert sich um den Hund, wenn er nicht mit in den Urlaub kann?

6 Das Wesen des Hundes und seine Beziehung zum Menschen stellen im Gegensatz zu vielen anderen Heimtieren besondere Ansprüche an den Besitzer. Artgerechte Erzie-hung und Beschäftigung erfordern viel Zeit.

Welcher Hund paßt zu Ihnen?

Für ein harmonisches Zusammenleben ist es wichtig, daß Hund und Besitzer zusammenpassen. Deshalb sollten Sie sich unbedingt vor der Anschaffung einmal notieren, was Sie von Ihrem zukünftigen Begleiter erwarten und wie sein Leben bei Ihnen aussehen wird. Wichtige Anhaltspunkte sind z.B. folgende:

- Leben kleine Kinder in der Familie, brauchen Sie einen toleranten, robusten und nicht zu temperamentvollen Hund ohne Schärfe (→ Rasseporträts, Seite 30).
- Gehen viele Personen bei Ihnen ein und aus, ist ein ausgesprochener Wachhund sicher nicht der Richtige.
- Soll der Hund die Familie bei sportlichen Aktivitäten wie Radfahren begleiten, muß er die körperlichen Voraussetzungen dafür mitbringen.
- Wie ist Ihre Wohnsituation? Große Hunde sind nicht für ein Leben in einer Etagenwohnung, womöglich ohne Aufzug, geeignet.

Jack Russell Terrier. Ein leidenschaftlicher Helfer bei der Jagd. Er stöbert Dachse und Füchse in ihrem Bau auf.

Boxer sind robuste Hunde, die aber bis ins hohe Alter verspielt bleiben.

Hund und Kind

Mit einem Hund aufzuwachsen ist für Kinder eine sehr schöne Erfahrung. Sie bekommen ein Gefühl für andere Lebewesen und lernen, Verantwortung zu übernehmen. Wer seinen Kindern den Wunsch nach einem Hund erfüllen möchte, sollte selbst ein Hundefreund sein. Ein Hund ist kein Spielzeug, und die Verantwortung sowie den größten Teil von Erziehung und Pflege müssen die Eltern übernehmen. Frühestens mit zwölf, dreizehn Jahren ist ein Kind in der Lage, z.B. bei der Erziehung des Hundes mitzuhelfen oder allein mit ihm spazierenzugehen.

Ein günstiger Zeitpunkt für die Anschaffung eines Hundes ist meiner Meinung nach dann, wenn das jüngste Kind mindestens drei, besser vier Jahre alt ist. Das oft wilde Spiel von Welpen, bei dem sie auch ihre spitzen Milchzähne einsetzen, macht kleineren Kindern angst. Außerdem kostet die optimale Aufzucht und Erziehung eines Welpen sehr viel Zeit und Nerven. Da besonders Krabbelkinder dies ebenfalls fordern, kann ein Welpe in dieser Zeit schnell zur Belastung werden.

Können Hunde lachen?

Ja, Hunde können tatsächlich lachen. Das haben Verhaltensforscher herausgefunden. Jedoch lacht ein Hund nicht so wie der Mensch. Der Hund lächelt eher. Dieses freundliche Verhalten zeigt der Hund nur dem Menschen gegenüber, nicht aber anderen Hunden. Wenn dein Hund dich anlächelt, kannst du folgendes daraus schließen: Dein Hund liebt dich über alles. Er hat großes Vertrauen zu dir und möchte so oft wie möglich mit dir zusammensein.

Sehr oft kannst du das Lächeln des Hundes beobachten, wenn du ihn am Bauch kraulst. Dann legt er sich auf den Rücken, streckt alle viere von sich und »lacht« dich an.

War der Hund vor dem Kind da, darf er keinesfalls vernachlässigt werden, wenn das Baby zu Hause »einzieht«. Nehmen Sie ihn an die Leine und lassen Sie ihn den Familienzuwachs ausgiebig beschnuppern. Ist der Hund gesund, geimpft und entwurmt, macht es nichts, wenn er das Baby – mit Ausnahme des Gesichts – ableckt.

Fix und fertig scheint dieser Welpe zu sein. Ein kleines Nickerchen tut ihm jetzt gut.

Golden Retriever. Diese schönen, eleganten Hunde brauchen viel Bewegung.

Verhält sich der Hund zurückhaltend, muß man ihn aber deswegen nicht gleich abgeben. Verhält er sich allerdings freundlich, bedeutet dies auch nicht, daß er das Kind ab sofort lebenslänglich lieben wird. Reagiert er jedoch aggressiv, sollte man die nötigen Konsequenzen daraus ziehen.

Der ideale Familienhund

Auf jeden Fall sollte man sich für einen Welpen entscheiden. Bei erwachsenen Hunden kann man nicht mehr nachvollziehen, was sie schon alles erlebt haben, und das birgt ein nicht kalkulierbares Risiko. Ganz wichtig ist auch, daß der Welpe aus einer seriösen Zucht stammt (→ Seite 22). Günstig wirkt sich aus, wenn der Welpe bereits beim Züchter gute Erfahrungen mit Kindern sammeln konnte. Wer einen »Kinderhund« sucht, sollte seinen Hund auf gar keinen Fall überstürzt irgendwo kaufen. Besonders beim Kauf eines Rassehundes

sollte man Wert auf eine gute Herkunft legen (→ Seite 20), denn »wild« gezüchtete Rassehunde haben nicht selten ererbte Wesensmängel, die schnell zu ernsten Problemen führen können.

Der ideale Familienhund hat ein freundliches, robustes Wesen mit einer hohen Reizschwelle und ist belastbar. Er darf keinesfalls nervös oder ängstlich sein, sollte möglichst keine Schärfe oder ausgeprägten Kampftrieb haben und eine gute Unterordnungsbereitschaft zeigen. Viele Rassen gelten als kinderfreundlich. Sie aber als »Kindernarren« oder ähnliches zu bezeichnen ist sehr gewagt. Kinderfreundlichkeit hängt weniger von der Rasse als vielmehr von der individuellen Veranlagung und Erfahrung ab. Bei fast allen Rassen gibt es Hunde, die tatsächlich kinderbegeistert sind, aber genauso solche, die Kinder nur »mit Fassung tragen« oder sogar ablehnen. Hunde mit Wach- und Schutzinstinkt unterscheiden außerdem »eigene« und »fremde« Kinder.

Anfänger in der Hundehaltung sind allgemein besser mit

Viele Hunde nutzen jede Gelegenheit, um ein ausgiebiges Bad zu nehmen.

TIP

Heutzutage wird in Zusammenhang mit Hunderassen sehr pauschal mit dem Begriff »kinderfreundlich« umgegangen. Tatsache ist jedoch, daß jeder Hund durch seine persönliche Veranlagung und durch Erfahrungen geprägt wird.

Doch Vorsicht. Am Halsband kann der Hund an Treibholz hängenbleiben und ertrinken.

Rassen beraten, bei denen die genannten ungünstigen Eigenschaften züchterisch nicht gefördert werden. Auch der kinderfreundlichste Hund ist ein Raubtier. Lassen Sie deshalb Kinder nie mit einem Hund allein!

Rassehund oder Mischling?

Ob Sie sich für einen Rassehund oder Mischling entscheiden, ist einerseits Geschmackssache. Andererseits hängt die Entscheidung davon ab, was Sie von Ihrem Hund erwarten. Wer einen Vierbeiner mit bestimmten Eigenschaften sucht, für den ist ein Rassehund das richtige. Auch wer mit seinem Hund eine spezielle Ausbildung machen möchte oder Pokale auf Prüfungen und Ausstellungen gewinnen will, ist mit einem Rassehund gut beraten. Bei ihm lassen sich Wesen und Aussehen ziemlich genau vorhersagen.

Beim Mischling ist das nur möglich, wenn möglichst viel über seine »Zusammensetzung« bekannt ist. Daß Mischlinge gesünder oder klüger sind als Rassehunde, ist ein

Vorurteil. Nicht zu leugnen ist allerdings, daß bestimmte Rassehunde durch jahrzehntelange Anwendung unnatürlicher Zuchtmethoden anfälliger für Krankheiten geworden sind und Auffälligkeiten im Verhalten zeigen können.
Dann ist da auch noch die Kostenfrage, denn ein Rassehund aus guter Zucht ist in der Regel teuer.

Welpe oder erwachsener Hund ?

Damit aus einem kleinen Wollknäuel ein guterzogener Hund wird, ist eine ganze Menge Wissen, Zeit und Geduld notwendig. Dieser Aufwand entfällt natürlich größtenteils, wenn Sie sich einen bereits »den Windeln entwachsenen« Vierbeiner anschaffen. Nun ist es aber so, daß ein Hund in seinen ersten Lebensmonaten einige wichtige Entwicklungsabschnitte durchlebt. Die Erlebnisse und Erfahrungen in diesen Zeitspannen prägen einen Hund für sein ganzes Leben. Nehmen Sie einen Welpen zu sich, haben Sie die Möglichkeit, artgerecht und ganz gezielt auf die Entwicklung Ihres Hundes Einfluß zu nehmen. Er wird sich Ihnen eng anschließen und ganz Ihr Hund werden. Beim erwachsenen Hund ist diese Entwicklung abgeschlossen und das Wesen weitgehend geformt. Je nachdem, wie das Leben eines solchen Hundes verlaufen ist, kann es Schwierigkeiten geben.

Rüde oder Hündin?

In der Anhänglichkeit gibt es keine Unterschiede zwischen Rüde und Hündin. Häufig sind Hündinnen etwas leichtführiger als Rüden, bei denen öfter Probleme in der Erziehung auftreten. Rüden neigen auch eher zu »handgreiflichen« Auseinandersetzungen mit ihresgleichen als Hündinnen. Wenn es aber unter Hündinnen eine Feindschaft gibt, so bleibt diese meistens lebenslang bestehen. Zweimal im Jahr sind Hündinnen für etwa drei Wochen läufig. In dieser Zeit brauchen sie besondere Aufsicht, da sich nicht nur Rüden dann stark für sie interessieren, sondern auch die Hündin von sich aus auf »Männerfang« geht.

Mehrere Hunde halten

Die Haltung von zwei oder mehr Hunden hat je nach Konstellation Vorteile, aber auch Nachteile. Ein Vorteil ist

Der Sheltie bringt den Ball. Er möchte gern spielen, und zu zweit macht's nun mal mehr Spaß.

Jeder Weg ist den Rüden recht, um zu ihrer »Angebeteten« zu kommen.

z. B., daß der Hund immer einen Spielgefährten hat. Immer bedeuten mehrere Hunde jedoch auch mehr Arbeit. Damit sie sich nicht zu sehr aufeinander fixieren, muß man sich mit jedem einzelnen sehr intensiv beschäftigen.

Je nach Rasse ist es auch nicht immer einfach, mehrere Hunde mit in den Urlaub oder zu Bekannten mitzunehmen.

Welche Probleme konkret auftreten können, erfahren Sie auf Seite 116.

Andere Heimtiere

Grundsätzlich kann sich ein Hund an jede Art von Heimtier gewöhnen. Am besten gelingt das, wenn sowohl der Hund als auch das andere Tier noch jung ist. Gehört ein Hausgenosse allerdings in gewisser Weise zum Beuteschema des Hundes, sollten sie möglichst nicht miteinander allein gelassen werden. Zu diesen Tieren gehören z. B. Kaninchen, Meerschweinchen, Hamster und ähnliche Kleintiere.

Der gut geplante Hundekauf

Abgesehen von der richtigen Rasse ist mit der sorgfältigen Prüfung der Herkunft des Hundes ein weiterer wichtiger Grundstein für ein gutes Zusammenleben gelegt.

Wenn es ein Rassehund sein soll

In diesem Fall wenden Sie sich am besten an den »Verband für das Deutsche Hundewesen e.V.« (→ VDH, Seite 125). Hier erfahren Sie Adressen von seriösen Rassehundezuchtverbänden im In- und Ausland, die dem VDH anschlossen sind. Der VDH und seine Verbände sowie die entsprechenden Organisationen im Ausland unterstehen der »Fédération Cynologique Internationale«. Züchter in diesen Verbänden sind überwiegend Privat- und Hobbyzüchter, unterwerfen sich aber mit ihrer Mitgliedschaft strengen Regeln, was die Anforderungen an die Zuchttiere, das Prüfungswesen usw. betrifft. Auch wenn Ihr Hund »nur« Familienhund sein soll und Sie weder Ausstellungs-

Hunde und Kleinkinder sollte man keinesfalls ohne Aufsicht zusammen lassen.

Auch Raufen will gelernt sein. Diese beiden Mischlinge sind kräftig beim Üben.

noch Zucht- oder Prüfungsambitionen haben, sollten Sie Wert darauf legen, daß Ihr Hund auch die typischen Merkmale seiner Rasse, vor allen Dingen im Wesen, aufweist.

Die größte Gewähr dafür haben Sie beim Kauf eines Hundes aus FCI-angegliederten Verbänden, obwohl es auch hier »schwarze Schafe« unter den Züchtern gibt.

Informieren Sie sich unbedingt vor der Anschaffung gründlich über Ansprüche und Besonderheiten der von Ihnen ausgewählten Rasse in der reichhaltigen Literatur. Außerdem ist der Besuch einer Hunde-Ausstellung zu empfehlen. Hier kann man sich viele Hunderassen anschauen und sich in Gesprächen mit Züchtern und anderen Ausstellern umfassend über die jeweilige Rasse informieren.

Termine und Veranstaltungsorte erfahren Sie ebenfalls beim VDH.

Die Ahnentafel des Rassehundes gibt Auskunft über seine Abstammung bis etwa zur vierten Generation zurück. Sie enthält Angaben wie etwa Wurfdatum, Zuchtbuchnummer, Geschlecht usw. Bei Hunden aus FCI-anerkannten Verbänden finden Sie auf der Ahnentafel die Abkürzung FCI sowie die des entsprechenden Landesverbandes. In Deutschland also VDH, in Österreich ÖKV, in der Schweiz SKG usw. Bei Ahnentafeln aus diesen Verbänden können Sie davon ausgehen, daß sie in Ordnung, also nicht gefälscht sind. Für die Teilnahme an Ausstellungen und für die Zulassung zur Zucht sowie zum Teil zu rassespezifischen Ausbildungen ist die FCI-Ahnentafel eine Voraussetzung.

Der richtige Züchter

Da bereits in den ersten acht Wochen im Leben eines Hundes wichtige Entwicklungsvorgänge, wie z.B. die Prägung auf den Menschen, ablaufen, hat der Züchter in dieser Zeit eine sehr große Verantwortung. Deshalb sollten Sie kritisch prüfen, wo Sie Ihren Welpen kaufen.

Ein guter Züchter ist auf eine oder zwei Rassen spezialisiert und hält nur einige wenige Hunde, die in engem Kontakt mit den Menschen leben.

Er wird, um genügend Zeit für die Welpen zu haben,

Niedlich sind sie alle. Für welchen Welpen soll man sich entscheiden?

TIP

Bei vielen Hunderassen, insbesondere denen, die gerade »in Mode« sind, treten Erbkrankheiten auf. Haben Sie sich für eine Rasse entschieden, sollten Sie sich beim jeweiligen Rassehundeverband erkundigen, welche erblich bedingten Krankheiten vorkommen. So können Sie dem Züchter diesbezüglich gezielte Fragen stellen.

nur einen oder höchstens zwei Würfe gleichzeitig aufziehen. Die Welpen sind, wenn überhaupt, nur kurze Zeit am Tag in einem Zwinger untergebracht. Ein guter Züchter bietet seinen Welpen außerdem Gelegenheit für Erkundungen, etwa in Form eines Art Abenteuerspielplatzes.
Hündin und Welpen machen einen aufgeweckten, interessierten Eindruck und zeigen keine Angst vor den Menschen. Auch optisch sehen die Hunde gesund aus (→ Tabelle Seite 71). Diese Anforderungen an einen guten Züchter gelten natürlich nicht nur für Rassehunde, sondern genauso für Mischlingswelpen.
Nicht kaufen sollten Sie:

- Bei einem Händler, der nicht selbst züchtet, sondern nur Welpen anbietet.
- Wenn jemand viele verschiedene Rassen anbietet.
- Bei fahrenden Hundehändlern, die ihre Welpen sozusagen aus dem Kofferraum heraus verkaufen.
- Bei »Züchtern«, die Ihnen, aus welchen Gründen auch immer, die Hündin nicht zeigen wollen oder können.
- Wenn Hündin oder Welpen sich Menschen gegenüber ängstlich oder aggressiv zeigen.
- Wenn Hündin oderWelpen apathisch und krank wirken.
- Wenn der Züchter sehr viele Hunde hat und diese überwiegend in Zwingern hält.
- Wenn die Welpen abseits in einem dunklen Verschlag oder ähnlichem aufwachsen.

Es soll ein Mischling sein

Mischlinge werden häufig in Tageszeitungen angeboten. Oft hängen auch in Tierarztpraxen Hinweise aus. Informieren Sie sich möglichst gründlich über die »Zusammensetzung« der Welpen, damit Sie keine bösen Überraschungen erleben.
Es gibt Kombinationen, die besonders für Anfänger in der Hundehaltung nicht zu empfehlen sind. Das sind z. B. Mischungen aus bestimmten Gebrauchshunderassen wie Dobermann, Schäferhunde, Rottweiler oder auch doggenartige und Hirtenhunde. Dies sind nur ein paar Beispiele. Natürlich gibt es auch besonders gelungene Mischungen. Das ist dann der Fall, wenn ausgeglichene, menschenfreundliche Rassen an der Entstehung beteiligt waren. Dazu gehören z. B. der Labrador und der Golden Retriever oder der Dalmatiner.

Der Hund aus dem Tierheim

Hunde aus dem Tierheim haben oft ein wechselvolles Leben hinter sich, das nicht nur Gutes für den Hund gebracht hat. Häufig ist ihr bisheriger Lebenslauf gar nicht oder nur teilweise bekannt. Manche landen im Tierheim, weil ihre Besitzer Probleme mit ihnen hatten. Häufig sind auch Hunde, die halbwild und ohne Kontakt zu Menschen aufgewachsen sind, Insassen eines Tierheims. Aus vermeintlich guter Absicht werden diese Tiere aus dem Ausland mitgebracht, um sie hier weiter zu vermitteln.

Die Eingliederung in die menschliche Gesellschaft bedeutet für einen solchen Hund oft eine völlige Umstellung seines Lebens, und vieles in unserer zivilisierten Welt bereitet ihm Angst.

Wer sich einen Hund aus dem Tierheim holt, sollte sich deshalb im klaren sein, daß ein Zusammenleben auch Schwierigkeiten bringen kann. Den Hund dann wieder zurückzubringen ist für diesen eine weitere schlechte Erfahrung.

Anders sieht es bei Hunden aus, die bisher gut gehalten wurden, aber aus verschiedenen Gründen abgegeben werden müssen, z. B. wegen Umzugs, wegen einer Allergie, Scheidung usw. Ein solcher Vierbeiner kann sich durchaus gut in eine neue Familie eingliedern und ein angenehmer Gefährte sein.

Buddeln im feuchten Sand hinterläßt eindeutige Spuren, wie jeder sehen kann.

Die Auswahl des Welpen

Besucht man den Züchter, aus dessen Wurf man ein Hundekind haben möchte, hat man oft die Qual der Wahl, wenn acht oder zehn Wollknäuel auf einen zulaufen. Eines ist netter

Welches sind die größten, welches die kleinsten Hunde?

Die Riesen unter den Hunden sind die Irischen Wolfshunde. Auf der Seite 48 findest du ein Bild von ihnen. Von den Pfoten bis zur Schulter messen sie fast 85 cm. Das ist höher als ein Eßtisch. Ein solcher Hund kann dir also in deinen Suppenteller schauen, wenn er neben dir steht. Die Zwerge unter den Hunden sind die Chihuahuas. Sie messen von den Pfoten bis zur Schulter nur 20 cm. Solch ein kleiner Hund würde genau ins Maul eines Irischen Wolfshundes passen. Der schnellste Hund der Welt ist übrigens der Greyhound. Auf kurzen Strecken läuft er bis zu 100 Stundenkilometer. Schau ihn dir auf der Seite 49 an.

als das andere, und am liebsten würde man gleich mehrere »einpacken«.

Viele Käufer entscheiden sich für den Welpen, der als erster auf sie zugelaufen kam. Andere entscheiden nach optischen Merkmalen, wie etwa der Fellzeichnung. Sucht man den Welpen nach solchen Kriterien aus, ist nicht gesagt, daß Herr bzw. Frau und Hund das ideale Gespann werden. Wichtiger ist, daß der vierbeinige Familienzuwachs vom Charakter her zu seiner zukünftigen Familie paßt. Ein eher zurückhaltender, weicher Mensch z. B. wird wenig Freude an einem dominanten Rüden haben.

In fast jedem Wurf gibt es Welpen, die eher vorsichtig und etwas zurückhaltend sind, und solche, die mehr draufgängerisch und selbstbewußt sind. Die Unterschiede zwischen den einzelnen Welpen sind jedoch nicht bei jedem Wurf gleich stark ausgeprägt.

Der richtige Welpe: Um den richtigen Welpen herauszufinden, sollte man die Welpen möglichst oft besuchen. So kann man sich einen guten Überblick über die einzelnen Charaktere verschaffen. Wer diese Möglichkeit nicht hat, kann mit Hilfe eines Welpentests den geeignetsten herausfinden (→ Bücher, die weiterhelfen, »Unser Welpe«, Seite 125). Der beste Zeitpunkt für die endgültige Entscheidung darüber, welches Hundekind es nun sein soll, ist in etwa die siebte Lebenswoche (→ Tabelle, Entwicklungsphasen des Welpen, Seite 82/83).

In sein neues Zuhause sollte der Kleine dann frühestens Anfang der achten, spätestens in der zehnten Lebenswoche umsiedeln.

Rechtsfragen zur Hundehaltung

Im Zusammenhang mit der Haltung von Hunden gibt es gesetzliche Regelungen, die der Hundehalter kennen sollte. Im folgenden Text sind die wichtigsten zusammengefaßt.

Kaufvertragsrecht

Jeder, der einen Hund käuflich erwirbt, schließt mit dem Verkäufer immer einen Kaufvertrag ab. Dieser muß nicht schriftlich abgefaßt werden, denn auch mündliche Verträge sind rechtsgültig. Ein schriftlicher Kaufvertrag ist aber empfehlenswert, gerade bei wertvollen Rassehunden.

■ In dem Kaufvertrag sollte dann das Tier genau beschrieben (Alter, Rasse, Geschlecht, Farbe, Tätowierungsnummer), die Abstammungspapiere bezeichnet und der Kaufpreis genannt werden.

■ Sichert der Verkäufer besondere Eigenschaften ausdrücklich zu (kinderlieb, kastriert etc.), so sollte man diese Zusicherungen im Kaufvertrag schriftlich festhalten. Stellt sich später heraus, daß diese Zusicherungen falsch sind, kann der Käufer das Tier wieder zurückgeben und den Kaufpreis zurückfordern.

■ Stellt sich nach Übergabe des Hundes an den Käufer heraus, daß das Tier mit einem Fehler (also einer Krankheit) behaftet war, kann der Käufer seine gesetzlichen Gewährleistungsrechte geltend machen und z. B. vom Kaufvertrag zurücktreten oder aber den Kaufpreis mindern. Voraussetzung hierfür ist aber immer, daß der Hund bereits bei Übergabe (und nur dann) krank war. Gerade bei Infektionskrankheiten läßt sich der Krankheitsbeginn nur schwer feststellen, so daß meistens nur Tierärzte diese Frage klären können.

■ Macht der Käufer mit Recht solche Gewährleistungsrechte gegen den Verkäufer geltend, so muß er dies innerhalb von sechs Monaten von der Übergabe an gerechnet tun, da sonst seine Gewährleistungsrechte verjähren. Nur wenn ein Rechtsmangel vorliegt, z. B. wenn die Abstammungsurkunde nicht wie vereinbart übergeben wurde oder der Verkäufer eine falsche Eigenschaft zugesichert hatte oder aber der Verkäufer eine Krankheit arglistig verschwiegen hat, gilt eine Verjährungsfrist von 30 Jahren.

Mietrecht

Vergeblich wird man in unseren vielen Gesetzen eine spezielle Rechtsvorschrift zu diesem Thema suchen. Ob nun ein Hund in der angemieteten Wohnung erlaubt ist oder nicht, richtet sich zunächst einmal nach dem Mietvertrag und zum anderen danach, wie die Rechtsprechung zu diesem Problem steht.

Im Gegensatz zu Kleintieren (Kanarienvogel, Goldhamster) ist die Haltung von Hunden in der Wohnung mietrechtlich nicht ganz unbedenklich.

■ Ist im Mietvertrag die Tierhaltung grundsätzlich verboten, so kommt man kaum an diesem Verbot vorbei (LG Braunschweig, Az.: 7 S 204/87); dieses Verbot ist wirksam und berechtigt den Vermieter gegebenenfalls zur fristlosen Kündigung.

■ Anders beurteilt sich die Frage dann, wenn die Hundehaltung nach dem Mietvertrag von der Genehmigung des Vermieters abhängig ist. Unter dem Stichwort: »Hund mit guten Manieren erlaubt« kann man heute die vielfältige Rechtsprechung zu diesem

Problemkreis zusammenfassen. Das Recht des Mieters auf ungestörte Entfaltung seiner Persönlichkeit schließt nämlich das Halten eines Hundes (zumindest eines Kleinhundes; AG Frankfurt, Az.: 33 C 3913/87-67) mit ordentlichen Manieren ein. Ein Hund (LG Hannover, Az.: 11 S 272/87) ohne konkrete Belästigungen für die Mitmieter erfüllt noch nicht den Tatbestand eines vertragswidrigen Gebrauchs der Mietwohnung (AG Würzburg, Az.: 13 C 258/82), und zwar selbst dann nicht, wenn nach dem Mietvertrag die Hundehaltung nur mit Genehmigung des Vermieters erlaubt ist (LG München, Az.: 15 S 265/84).

Es muß vielmehr in jedem Einzelfall nachgewiesen werden, daß die Haltung eines Hundes tatsächlich eine unzumutbare Belästigung (z. B. Lärm, Schmutz) für die anderen Hausbewohner darstellt. Allein die formularmäßige Klausel im Mietvertrag, daß die Tierhaltung nicht genehmigt sei, genügt für ein Verbot nicht (LG Frankfurt, Az.: 2/13 0 474/89).

Eigentumswohnung

In der Eigentumswohnung kann ein generelles Verbot der Hundehaltung grundsätzlich nicht beschlossen werden.

Zulässig ist jedoch nach der Rechtsprechung (OLG Frankfurt, Az.: 20 W 247/78) ein Eigentümerbeschluß dahingehend, daß die Heimtierhaltung in den Eigentumswohnungen auf eine vertretbare Zahl begrenzt wird. Zugestanden wird so z. B. die Beschränkung auf einen Hund und eine Katze (BayObLG, Az.: BReg 2 Z 59/71).

Tierhalterhaftung

Das Bürgerliche Gesetzbuch (BGB) bestimmt in § 833, daß der Tierhalter grundsätzlich haftet, wenn durch ein Tier ein Mensch getötet, verletzt oder eine Sache beschädigt wird. Man spricht in diesem Zusammenhang von einer sogenannten

Entlebucher Sennenhunde. Beim Hundekauf immer einen Kaufvertrag abschließen.

»Gefährdungshaftung«, das heißt, der Halter des Hundes haftet immer dann, wenn ein der typischen Natur entsprechendes willkürliches Verhalten ursächlich war, wie z. B. Beißen der Hunde, Wildern etc.

Auch bei einem gut erzogenen Hund wird es sich nicht immer vermeiden lassen, daß dieser seinen eigenen Willen durchsetzt und dadurch Schaden anrichtet. Eine Hundehalterhaftpflichtversicherung ist daher ein unbedingtes Muß für jeden Hundehalter, will er solche auf ihn oder seine Familienangehörigen zukommenden Regreßansprüche vermeiden (→ Adressen, Seite 126).

Leinen- und Maulkorbzwang

Die Anordnung eines Maulkorb- oder Leinenzwanges gefährlicher Hunde ist nach der Rechtsprechung (VG Stuttgart, Az.: 16 K 1735/90) dann gerechtfertigt, wenn diese Tiere erwiesenermaßen bereits mehrfach andere Hunde oder etwa Menschen angegriffen und verletzt haben. Eine solche Anordnung entspricht dem Grundsatz der Verhältnismäßigkeit, da weniger einschneidende Maßnahmen nicht ersichtlich sind. Zwar verhindert auch der Maulkorbzwang nicht, daß unter Umständen Mitmenschen angesprungen werden und zu Fall kommen. Der bissige Hund wird aber so effektiv daran gehindert, durch seinen Biß Schaden anzurichten. Es ist, so die Rechtsprechung, auch nicht ersichtlich, daß der Maulkorbzwang aus tierschutzrechtlicher Sicht zu beanstanden wäre. Auch wenn kein Gesetz ausdrücklich vorschreibt, daß Hunde grundsätzlich an der Leine zu führen sind, kann die Gemeinde einen solchen Leinenzwang in öffentlichen Anlagen anordnen (VGH Mannheim, Az.: 1 S 3107/88; BGH, Az.: 4 StR 518/90; OLG Hamm, Az.: 4 Ss OWi 971/87).

Hund im Straßenverkehr

Ein folgsamer und ungefährlicher Hund braucht auf öffentlichen Straßen, Wegen oder Anlagen nicht stets angeleint zu werden. Es besteht keine Verpflichtung, einen Hund außerhalb abgeschlossener Räume ausnahmslos an die Leine zu legen. Eine solche Pflicht wird auch nicht für den öffentlichen Straßenverkehr angenommen. Die Rechtsprechung (BayObLG, Az.: 5 St 238/86) geht vielmehr davon aus, daß ein folgsames Tier, auf das der Hundeführer durch Befehle oder Zeichen hinreichend einwirken kann, bei mäßigem Verkehr ohne besonderen Anlaß nicht angeleint zu werden braucht (OLG Düsseldorf, Az.: 2 Ss OWi 442/84 - 274/84 I).

Hundewilderei

Grundsätzlich dürfen auch Hundebesitzer im Wald ihren Hund von der Leine lassen, sofern sichergestellt ist, daß die Hunde auf Zuruf oder Pfiff sofort zu ihrem Besitzer zurückkommen (VG Gelsenkirchen, Az.: 16 K 2.115/85; OLG Koblenz, Az.: 1 Ss 495/86). Hält sich aber ein streunender Hund, dem ein gewisser Jagdinstinkt nicht abgesprochen werden kann, im Jagdrevier auf, spricht der Anscheinsbeweis für ein Wildern des Hundes (LG Würzburg, Az.: 2 O 571/85). Solche Hunde dürfen von einem Jäger sofort erschossen werden (LG

Landau, Az.: 1 S 201/84). Nach einem Urteil des Oberlandesgerichtes Karlsruhe (Az.: 1 Ss 1093/87) macht der bloße Aufenthalt eines Hundes im Jagdrevier diesen aber noch nicht des Wilderns verdächtig.

■ Der Hund stellt eine gegenwärtige Gefahr für das Wild dar; dies ist der Fall, wenn Verhalten und/oder Aussehen des Hundes den Verdacht nahelegen, daß er alsbald die Suche nach dem Wild aufnehmen wird.

■ Nach den Umständen des Einzelfalles besteht die Gefahr des Wilderns insbesondere dann unzweifelhaft nicht, wenn der Hund sich zwar im Revier, aber an einem Ort befindet, an dem er der Jagd überhaupt nicht gefährlich werden kann, beispielsweise auf einem belebten Weg, in der Nähe der Ortslage oder starken Straßenverkehrs, wohin das Wild erfahrungsgemäß nicht kommt.

Zum Wildern gehört daher mehr als die bloße Anwesenheit im Jagdrevier, hinzukommen muß wenigstens das suchende Umherstreifen nach Wild.

Hundekot

Der Hundekot auf dem Gehweg muß nicht sein, aber gleichwohl läßt sich diese Notdurft nicht immer vermeiden. Ordnungsstrafen für den Hundeführer können die Folge sein, da die Rechtsprechung eine abstrakte Gefahr für die Gesundheit der Bevölkerung bejaht hat, wenn Gehwege durch die Notdurft der Hunde verunreinigt werden. Dies ergibt sich aus der medizinisch begründeten Tatsache, daß Hunde gewisse Krankheiten übertragen können (VGH Mannheim, Az.: I 1996/79). Darüber hinaus bewirkt die Verunreinigung von Gehwegen durch Hundekot auch insoweit eine Gefahr, als sie dazu führen kann, daß Fußgänger ausrutschen und sich dabei verletzen können (OLG Karlsruhe, Az.: 2 Ss 113/82). Wer seinen Hund gar auf einer Spiel- und Liegewiese seinen Kot absetzen läßt und diesen nicht beseitigt, erfüllt zumindest den Tatbestand einer Ordnungswidrigkeit nach dem Abfallbeseitigungsgesetz, wenn nicht sogar den Straftatbestand einer unterlassenen umweltgefährdenden Abfallbeseitigung nach § 326 Absatz 1 Ziffer 1 Strafgesetzbuch (OLG Düsseldorf, Az.: 5 Ss 300/90-128/90 I).

Podenco Iberico (→ Seite 40). Bei Spaziergängen besteht für Hunde kein Leinenzwang.

Hunderassen im Porträt

Die Geschichte der Rassehundezucht

Die erste Hundeausstellung der Welt fand 1859 in Newcastle-upon-Tyne, Großbritannien, statt. Doch erst 1873, als der englische Kennel Club gegründet wurde, entstanden einheitliche Rassestandards und Bewertungsregeln.

Die erste deutsche Hundeausstellung wurde 1863 in Hamburg veranstaltet. In Deutschland galten die englischen Hunde lange Zeit als Vorbilder für die Zucht. Doch etwa Ende der siebziger Jahre des vorigen Jahrhunderts war es soweit, daß man eigene Standards der deutschen Rassen festlegen konnte. In dieser Zeit entstanden nach und nach die verschiedenen Rassehundeverbände. Wer einen Rassehund mit FCI-anerkannten Papieren besitzt (FCI = Fédération Cynologique Internationale = Internationaler Dachverband der Hundezüchter und -besitzer), kann heute an zahlreichen Ausstellungen im In- und Ausland teilnehmen, bei denen sein Hund vielleicht sogar einen der begehrten Championtitel gewinnt. Beurteilt wird in erster Linie das Aussehen, aber auch das Verhalten im Ausstellungsring.

Einteilung der Rassen

Heute existieren über 350 von der FCI anerkannte Hunderassen. Diese wurden von der FCI in zehn verschiedene Gruppen eingeteilt, die wiederum in diverse Sektionen gegliedert sind. Im folgenden stelle ich Ihnen aus jeder der zehn Gruppen einige Rassen vor, die wegen ihrer Beliebtheit oder auch wegen ihrer Besonderheiten ausgewählt wurden.

Berger de Brie (Briard)

Allgemeines: Eine der ältesten französischen Hunderassen. Schulterhöhe ca. 68 cm. Das langhaarige, pflegeintensive Fell trägt die Farben Schwarz, Grau oder Mauve.

Wesen und Verwendung: Ein intelligenter, wachsamer, aber eigensinniger Hund mit viel Temperament und Schutztrieb. Als echter Arbeitshund braucht er eine artgerechte Beschäftigung. Er eignet sich für alle Arten des Hundesports, wie z.B. Agility, oder aber Breitensport.

Besonderheiten: Kein Hund für jedermann. Seine Ei-

Der Briard braucht viel Bewegung und Beschäftigung. In einer kleinen Wohnung fühlt er sich nicht wohl.

Hütehund mit »Leib und Seele« ist der Border Collie. Wenn's nichts zu hüten gibt, leidet dieser Hund.

genschaften erfordern eine konsequente Erziehung mit viel Geduld.
Ähnliche Rassen: Berger des Pyrénées, Berger Picard, Berger de Beauce.

Border Collie

Allgemeines: Er stammt aus dem britisch-schottischen Grenzgebiet. Ein schöner, eleganter Hütehund von ca. 53 cm Schulterhöhe. Seine Farben sind sehr vielfältig. Er darf jedoch nicht überwiegend weiß sein.
Wesen und Verwendung: Ein hervorragender Hütehund mit einmaliger Arbeitsweise. Er lenkt die Schafe durch Fixieren mit den Augen in geduckter Haltung. Der intelligente Hund hat viel Temperament und eine ausgeprägte Unterordnungsbereitschaft. Hat er nichts zu hüten, muß er unbedingt anderweitig ausgebildet werden, etwa als Sporthund für Agility, Breitensport, Obedience, Flyball (→ Seiten 106 bis 111).
Besonderheiten: Als Familienhund nur unter oben genannten Bedingungen geeignet. Ein unterforderter Border Collie neigt zu unangenehmen Verhaltensstörungen.

Collie Langhaar

Allgemeines: Er stammt aus Großbritannien. Schulterhöhe 61 cm. Als Farbschläge sind Gelb-weiß, Tricolour und Blue merle anerkannt.
Wesen und Verwendung: Der Collie ist sensibel, anhänglich, familienbezogen, intelligent und wachsam. Er ordnet sich gerne unter, möchte aber beschäftigt werden. Der Hund eignet sich für Breitensport und Agility, als Hütehund, Rettungs- oder Fährtenhund. Er ist bis ins Alter verspielt.
Besonderheiten: Auf gute Herkunft achten, da die Rasse Modehund war und es durch nachlässige Zuchtauswahl viele untypische, ängstliche Collies gab.
Ähnliche Rassen: Collie Kurzhaar, Sheltie (→ Foto, Seite 18), Bearded Collie (→ Foto, Seite 58/59), Bobtail.

Tervueren

Allgemeines: Elegante, wendige Schäferhundrasse aus Belgien. Schulterhöhe etwa 62 cm. Das Fell ist grau mit schwarzen Haarspitzen oder rotbraun, mit schwarzer Maske. Das lange Haar braucht regelmäßige Pflege.
Wesen und Verwendung: Ein leichtführiger, intelligenter und wachsamer Familienhund, der jedoch viel Auslauf und Beschäftigung braucht. Er eignet sich für die verschiedensten Hundesportarten, ist aber etwas sensibler als die anderen belgischen Rassen.
Andere belgische Schäferhunde: Groenendael: schwarz, langhaarig. Malinois: rotbraun mit schwarzer Maske, kurzhaarig. Lakenois/Laeken: rotbraun, rauhhaarig, sehr selten.

Collies lieben ihre Menschenfamilie über alles.

Der belgische Tervueren paßt zu einer sportlichen Familie.

Der Berner ist ein aufmerksamer Beschützer.

Der Boxer, ein Energiebündel, das gerne schmust.

Berner Sennenhund

Allgemeines: Massiger Hund, der in seiner Schweizer Heimat als Wachhund, zum Ziehen von Milchkarren und zum Viehtreiben eingesetzt wurde. Schulterhöhe etwa 68 cm; Farbe: lackschwarz mit weißen Pfoten, weißer Schwanzspitze und Brust sowie weißem Fang und Blesse. Braune Abzeichen an den Beinen und im Gesicht.

Wesen und Verwendung: Ein freundlicher, anhänglicher Hund. Er ist wachsam, ohne dabei aggressiv zu sein, braucht engen Familienanschluß und eine konsequente Erziehung. Obwohl überwiegend Familienhund, eignet sich der Berner auch zur Ausbildung als Rettungs-, Fährten- und Begleithund.

Besonderheiten: Sennenhunde aus unseriösen Zuchten zeigen häufig Wesensmängel.

Andere Sennenhund-Rassen: Entlebucher (→ Foto, Seite 27), Appenzeller, Großer Schweizer.

Boxer

Allgemeines: Muskulöser, temperamentvoller Hund; Schulterhöhe ca. 63 cm;

Farben: Gestromt oder gelb, auch mit weißen Abzeichen.

Wesen und Verwendung: Psychisch robuster, wachsamer Hund mit Schutztrieb. Seiner Familie gegenüber sehr anhänglich, braucht aber viel Beschäftigung und Auslauf.

Der Boxer gehört zu den Gebrauchshunderassen und sollte deshalb entsprechend ausgebildet werden. Gelegentlich etwas stur, braucht er eine konsequente Erziehung.

Besonderheiten: Auf gute Herkunft achten, da das Dasein als Modehund Wesens- und Gesundheitsprobleme mit sich brachte. Anderen Hunden gegenüber manchmal unverträglich.

Deutsche Dogge

Allgemeines: Gehört zu den ältesten deutschen Rassen. Der sehr große Hund mit eleganter Ausstrahlung hat eine Schulterhöhe von mindestens 80 cm. Anerkannt sind die Farben Gelb, Gestromt, Schwarz-weiß gefleckt, Schwarz, Blau.
Wesen und Verwendung: Ein gutmütiger, sanfter Hund, der engen Familienanschluß, sehr viel Platz und Auslauf braucht. Niemals darf eine Dogge ängstlich und aggressiv sein oder gar »scharf gemacht« werden. Konsequente Erziehung nötig.
Besonderheiten: Wegen ihres schnellen Wachstums braucht die Rasse eine besonders sorgfältige, aufwendige Aufzucht.

Dobermann

Allgemeines: Die Rasse entstand etwa Mitte des vorigen Jahrhunderts in Thüringen. Der elegante, muskulöse Dobermann hat etwa 70 cm Schulterhöhe und kommt in den Farben Schwarz, Dunkelbraun und Blau mit rotbraunen Abzeichen vor.
Wesen und Verwendung: Ein ausgesprochener »Einmannhund«, der sich nur schwer an einen neuen Besitzer gewöhnen kann. Seinem Herrn gegenüber ist er anhänglich und leichtführig. Diese Eigenschaften sowie seine Lernfreude machen ihn zu einem guten Arbeitshund, der unbedingt ausgebildet werden sollte.
Besonderheiten: Damit dieser Hund kein Beißer wird, braucht er von klein auf viel

Die Dogge. Ein großer Hund mit sanftem Wesen.

Der Dobermann. Für Anfänger weniger geeignet.

Der Hovawart ist temperamentvoll und wachsam.

Der Owtcharka ordnet sich nicht gerne unter.

Kontakt zu Menschen und Artgenossen und eine konsequente Erziehung.

Hovawart

Allgemeines: Kraftvoller, eleganter Hund mit einer. Schulterhöhe von ca. 70 cm; das langhaarige Fell ist entweder schwarz, blond oder schwarzmarken.

Wesen und Verwendung: Ein temperamentvoller Hund mit ausgeprägtem Bewegungsdrang, der den engen Familienanschluß braucht. Er ist umgänglich, lernt gern und hat Wach- und Schutztrieb. Als guter Gebrauchshund braucht er viel Beschäftigung und eignet sich für alle Bereiche des Hundesports.

Kaukasischer Owtcharka

Allgemeines: Sowjetische Hirtenhundrasse von etwa 65 cm Schulterhöhe. Kurz- oder langhaarig in den Farben Grau, Gescheckt und Rötlichblond.

Wesen und Besonderheiten: Ein selbständig handelnder Hund, der sich nicht leicht unterordnet und schwer erziehen läßt. Fremden gegenüber äußerst mißtrauisch, außerdem besitzt er starken Schutztrieb. Im Umgang mit Artgenossen schwierig. Kein empfehlenswerter Familienhund.

Besonderheiten: Nicht für Anfänger geeignet. Falsch gehalten und erzogen, kann er besonders Fremden gegenüber gefährlich werden.

Ähnliche Rassen: Akbash, Anatolischer Hirtenhund, Kangal, Sarplaninac. Alle Rassen sind aufgrund ihrer Verwendung als Hirtenhund mit einer ordentlichen Portion Schärfe, Mißtrauen und Schutztrieb ausgestattet.

Leonberger

Allgemeines: Ein großer, mächtiger Hund, der dennoch elegant wirkt. Er entstand in seiner Heimat Leonberg aus der Kreuzung zwischen einer Landseerhündin und einem Bernhardiner. Schulterhöhe etwa 80 cm; Farben Gold- rotbraun sowie löwenfarbig, mit schwarzer Maske.

Wesen und Verwendung: Ein liebebedürftiger, ausgeglichener, ruhiger Hund, der selten bellt. Er ist nervenfest und wachsam, jedoch ohne übermäßigen Schutz- und Wachtrieb. Ein zuverlässiger Familienhund. Da er recht selbstbewußt ist, braucht er von klein auf eine konsequente Erziehung. Er geht gerne spazieren und braucht wegen seiner Größe viel Platz.

Neufundländer

Allgemeines: Der aus Kanada stammende Neufundländer ist ein beeindruckender, großer und schöner Hund. Seine Schulterhöhe mißt 75 cm, und es gibt ihn in den Farben Schwarz, Braun sowie Schwarzweiß. Das dichte, langhaarige Fell braucht intensive Pflege.

Wesen und Verwendung: Ein gutmütiger und anpassungsfähiger Familienhund. Er besitzt keine Schärfe und braucht engen Familienanschluß. Wegen seiner Größe benötigt er ausreichend Platz und, weil er sich gerne im Freien aufhält, einen Garten. Sein Bewegungsbedürfnis ist nicht allzu groß, jedoch liebt er das Wasser.

Ähnliche Rasse: Landseer

Trotz ihrer Größe sind Leonberger liebebedürftige, ruhige Familienhunde.

Das Fell des Neufundländers braucht viel Pflege.

Zwergschnauzer (links) und Riesenschnauzer sind lebhafte und selbstbewußte Hunde.

Riesenschnauzer

Allgemeines: Mit seiner Schulterhöhe von ca. 70 cm ist dieser Hund eine respekteinflößende Erscheinung. Das Fell, das regelmäßig getrimmt werden sollte, trägt die Farben Schwarz oder Pfeffer und Salz.
Wesen und Verwendung: Ein selbstbewußter, ausgeglichener und lebhafter Hund, der seine Familie liebt und viel Zuwendung braucht. Er zeigt Wach- und Schutztrieb und ist sehr gelehrig. Kein leichtführiger Hund, weshalb er sorgfältig erzogen werden sollte. Er braucht regelmäßige Beschäftigung und eignet sich für viele Hundesportarten.
Ähnliche Rasse: Mittelschnauzer

Der Rottweiler braucht eine konsequente Erziehung.

Rottweiler

Allgemeines: Muskulöser Kraftprotz mit einer Schulterhöhe von ca. 68 cm; Farbe: Schwarz mit roten Abzeichen.
Wesen und Verwendung: Ein nervenstarker Hund mit ausgeprägtem Schutzinstinkt. Er lernt gern, ist im allgemeinen friedlich und braucht Familienanschluß. Sein Arbeitseifer macht ihn zu einem überaus vielseitigen Gebrauchshund, der beschäftigt werden will.
Um seine guten Eigenschaften zu entwickeln, ist eine konsequente, einfühlsame Erziehung nötig.
Besonderheiten: Kein Hund für Anfänger. Der Hund sollte aus einer Zucht stammen, die Nervenfestigkeit und nicht Schärfe und Kampftrieb fördert. Auf das Verhalten der Mutterhündin achten! Bereits dem Welpen viel Kontakt mit Artgenossen bieten.

Der unerschrockene Airedale Terrier hat eine Schulterhöhe von bis zu 61 cm.

Sowohl Terrier als auch Dackel waren ursprünglich Gebrauchshunde für die Baujagd auf Fuchs und Dachs. Zum Teil sind sie es auch heute noch. Diese Hunderassen sind sehr mutig und draufgängerisch. Vor allem die Terrier neigen je nach Rasse mehr oder weniger zum Raufen. Wegen ihrer selbständigen Arbeitsweise sind Dackel und Terrier mit einer gewissen Portion Eigenwilligkeit ausgestattet.

Airedale Terrier

Der größte der Terrier und frühere Jagdhund ist heute ein gut zu erziehender, robuster, intelligenter Familien- und Begleithund, der sich für viele Arten des Hundesports eignet.

Die Eigenwilligkeit und die draufgängerische Art der Dackel sind bekannt.

Bullterrier

Dieser kräftige, muskelbepackte Hund wurde früher für den Kampf gegen Stiere und Hunde gezüchtet. Er muß von klein auf konsequent erzogen werden. Leider verhält er sich Artgenossen gegenüber häufig unverträglich. Der Bullterrier hat zwar eine hohe Reizschwelle, kämpft aber im Ernstfall kompromißlos. Achten Sie auf eine gute Herkunft des Hundes.

Der West Highland White Terrier gehört immer noch zu den »Modehunden«.

Bild oben: Bullterrier sind willensstarke Hunde.

Bild unten: Verspielt, fröhlich und anhänglich – eine Kurzcharakteristik des Sealyham Terriers.

Sealyham Terrier

Dieser Terrier war ursprünglich ein harter, unerschrockener Jagdhund, hauptsächlich für die Jagd auf Dachse.
Heute ist er ein umgänglicher, fröhlicher und sehr gelehriger Hund, den man durchaus auch als Familienhund empfehlen kann. Er spielt gerne und braucht Bewegung.

West Highland White Terrier

Der »Westie« ist ein lustiger Geselle, der immer zum Spielen aufgelegt ist. Er ist robust und lebhaft, auch gut zu erziehen. Er liebt Bewegung und kann sogar zum Agilityhund ausgebildet werden. Züchter sorgfältig auswählen!

Yorkshire Terrier

Der ehemalige Jagdhund ist heute ein reiner Mode- und Schauhund (→ Foto, Seite 69). Vom Wesen her selbstbewußt und lebhaft, hat er oft wenig Respekt vor anderen Hunden. Er ist anschmiegsam und verspielt, aber kein Schoßhund. Der Yorkie bellt gerne. Degenerationsprobleme bei sehr kleinen Exemplaren!

Dachshund

Dackel gibt es in Lang-, Kurz-, und Rauhhaar sowie in drei Gewichtsklassen (Normal-, Zwerg- und Kaninchendakkel). Beliebt als Familien- wie auch als Jagdhund. Dackel sind liebebedürftig und draufgängerisch mit ausgeprägtem eigenen Willen.

Basenji

Allgemeines: Der elegante Basenji entstammt einer sehr alten zentralafrikanischen Hunderasse, in die nie fremdes Blut eingekreuzt wurde. Sein Fell ist kurz und seidig; Fellfarbe: Fuchsrot, rein Schwarz oder Schwarz und Lohfarben; Füße, Brust und Schwanzspitze immer weiß; Schulterhöhe etwa 40 cm.
Wesen und Verwendung: Ein intelligenter, heiterer und anhänglicher Hund mit ausgeprägter sozialer Veranlagung. Verträgt sich gut mit Artgenossen. Da er nicht gerne gehorcht, braucht er von klein auf eine konsequente Erziehung.
Besonderheiten: Der Basenji putzt sich wie eine Katze. Er bellt nicht, sondern »jodelt«.
Ähnliche Rassen: Pharaonenhund, Podenco Iberico (→ Foto, Seite 29), Podenco Canario.

Eurasier

Allgemeines: Er ist eine Mixtur aus Wolfsspitz, Chow-Chow und Samojede. Als eigenständige Rasse ist er erst seit 1973 anerkannt. Schulterhöhe etwa 60 cm. Für das pflegeintensive Fell sind verschiedene Farben zugelassen.

Der angenehm ruhige Eurasier lernt gern und braucht viel Zuwendung.

Wesen und Verwendung: Der Eurasier ist ein ruhiger Haushund mit gutem Sozialverhalten. Er ist wachsam, robust und braucht nicht allzu viel Bewegung. Vom Samojeden kann der Jagdtrieb durchkommen.
Besonderheiten: Wegen seines ausgeprägten Eigensinns ist er nicht leicht zu erziehen und deshalb eigentlich kein Anfängerhund.

Samojede

Allgemeines: Sowjetische Hunderasse. Die Vorfahren

Der Basenji. Eine elegante, ausgefallene Rasse.

Noch heute wird der Samojede in seiner Heimat als Schlittenhund verwendet.

Huskys haben ein ausgeprägtes Bewegungsbedürfnis.

wurden als Schlitten-, Jagd- und Hütehunde gehalten. Die planmäßige Reinzucht begann in England. Schulterhöhe ca. 56 cm, Farben Weiß, Weiß und Bisquit, Cremefarben.
Wesen und Verwendung: Wegen seines freundlichen Wesens ein beliebter Familienhund für Menschen, die seine Bedürfnisse berücksichtigen. Er ist aktiv und intelligent. Der Samojede, auch heute noch als Schlittenhund im Einsatz, braucht viel Bewegung und Beschäftigung. Er muß von klein auf konsequent erzogen werden, da er sehr selbstbewußt und eigensinnig ist. Kein Wach- und Schutzhund.
Besonderheiten: Kein Anfängerhund. Fell pflegeintensiv.

Siberian Husky

Allgemeines: Dieser aus den USA stammende Hund gilt als einer der schnellsten Schlittenhunde. Schulterhöhe ca. 57 cm, alle Farben sind erlaubt.
Wesen und Verwendung: Der Husky ist ein sehr menschenfreundlicher Hund, kein Wachhund. Er lernt schnell, ist aber sehr eigenwillig und selbständig. Er gehorcht nicht zuverlässig. Der Husky hat ein großes Bewegungsbedürfnis und einen deutlichen Jagdtrieb. Richtig ausgelastet ist er nur vor dem Schlitten.
Besonderheiten: Als Familienhund nur dann zu empfehlen, wenn man ihn seinen speziellen Bedürfnissen entsprechen halten kann.
Ähnliche Rassen: Alaskan Malamute, Grönlandhund.

Die hier vorgestellten Rassen sind in erster Linie Gebrauchshunde mit einem ausgeprägten Jagdtrieb. Sie haben ein umgängliches Wesen und sind gut zu erziehen. Vor allem brauchen sie aber viel Auslauf und rassegerechte Beschäftigung. Von den hier gezeigten Rassen eignen sich bei entsprechender Erziehung der Setter und der Beagle als Familien- und Begleithund. Die anderen Rassen gehören nur in Jägerhand.

Beagle

Ursprünglich wurde er als Meutehund für die Hasenjagd eingesetzt. Heute beliebter, anpassungsfähiger, geselliger und pfiffiger Familienhund, der manchmal stur sein kann.

Deutsch Kurzhaar

Sehr beliebter, vielseitig einsetzbarer Vorstehhund mit oft überschäumendem Temperament. Braucht die jagdliche Arbeit und gehört deshalb nur in Jägerhand.

English Setter

Sehr eleganter, sanfter, anhänglicher Hund. Wie alle Setter hat er ein sehr großes Bewegungs- und Beschäftigungsbedürfnis.

Kleiner Münsterländer

Kleinster deutscher Vorstehhund. Lebhafter, anhänglicher Hund mit natürlicher Wachsamkeit. Bei ausreichender jagdlicher Beschäftigung als Familienhund geeignet.

Bild oben: Beagle sind freundliche Hunde, die sich ihrer Familie eng anschließen.

Bild unten: Ein ausgesprochener Jagdhund ist der Deutsch Kurzhaar. Hier beim Vorstehen.

Bild oben: Die weißen English Setter haben schwarze oder orangefarbige Abzeichen.

Bild unten: Der Kleine Münsterländer ist ein hervorragender Jagdhund. Damit er im Wesen ausgeglichen bleibt, braucht er viel Beschäftigung.

Cocker Spaniel

Allgemeines: Englischer Stöberhund für die Jagd auf Waldschnepfen. Schulterhöhe ca. 40 cm, Farben: ein-, zwei- und dreifarbig.
Wesen und Verwendung: Ein fröhlicher, anhänglicher, verspielter und temperamentvoller Hund. Wegen seines Jagdtriebs muß er sorgfältig erzogen werden. Neigt zum Dickwerden. Heute ist er überwiegend Familienhund. Regelmäßige Fellpflege nötig.
Besonderheiten: Beim roten Cocker kommt gelegentlich die sogenannte Cockerwut vor. Deshalb Züchter sorgfältig auswählen.
Ähnliche Rassen: Sussex Spaniel, Field Spaniel, Clumber Spaniel, American Cocker Spaniel.

Deutscher Wachtelhund

Allgemeines: Eine der ältesten Stöberhundrassen. Schulterhöhe ca. 54 cm; verschiedene Farbschläge wie z.B. einfarbig dunkelbraun, Braunschimmel, dreifarbig.
Wesen und Verwendung: Hervorragender Jagdhund für die Wasserarbeit und die Jagd in Waldrevieren. Der Hund hat ein angenehmes Wesen und ist gut abzurichten.

Der Cocker Spaniel ist anhänglich und sensibel. Bei Spaziergängen kann sein Jagdtrieb durchkommen.

Besonderheiten: Gehört nur in die Hand eines Jägers, der sehr viel jagdlich mit dem Hund arbeiten kann.

Golden Retriever

Allgemeines: Langhaarige, englische Apportierhunderasse aus dem 19. Jahrhundert. Schulterhöhe ca. 60 cm, Farben Gold oder Cremefarben, nie Rot oder Mahagoni.
Wesen und Verwendung: Sehr beliebter, idealer Familienhund. Er ist gelehrig, intelligent und von klein auf gut zu erziehen. Als Gebrauchshund möchte er beschäftigt werden und eignet sich für viele Arten der Ausbildung wie z. B. zum Turnierhundesport oder der

Ein Golden Retriever (links im Bild) und ein Labrador Retriever. Diese englischen Apportierhunde nehmen gern ein Bad im See oder im Fluß.

Der Deutsche Wachtelhund ist ein passionierter Jagdhund, der sich ausschließlich bei der Jagd wohl fühlt.

Begleithundeausbildung. Kein Wach- und Schutzhund.
Besonderheiten: Als Modehund Nr.1 entsprechen heute viele Golden Retriever in Wesen und Gesundheit nicht mehr dem Standard. Deshalb unbedingt bei seriösen Züchtern kaufen.

Labrador Retriever

Allgemeines: Kräftiger kurzhaariger englischer Apportierhund von etwa 56 cm Schulterhöhe. Das Fell trägt die Farben Schwarz, Gelb oder Schokoladenbraun.
Wesen und Verwendung: Ein aktiver, intelligenter Begleiter, der sehr anpassungsfähig und ausgeglichen ist. Der ideale Familienhund. Er braucht engen Familienanschluß (keine Zwingerhaltung). Bei richtiger Erziehung leichtführig und gut auszubilden. Der wasser- und apportierfreudige Labrador eignet sich für alle Sparten der Jagd. Wird er nicht jagdlich geführt, braucht er eine andere Beschäftigung wie etwa Dummyarbeit oder Agility. Kein Schutzhund!
Ähnliche Rassen: Flat coated Retriever, Nova Scotia Duck Tolling Retriever, Chesapeake Bay Retriever, Curly coated Retriever. Die beiden letztgenannten sind Fremden gegenüber reservierter und zeigen Wach- und Schutztrieb.

Diese Rassengruppe beinhaltet Hunde, die nicht für eine bestimmte Aufgabe als Gebrauchshunde gezüchtet wurden, sondern lediglich gehalten wurden, um ihren Besitzern Gesellschaft zu leisten. Diese Rassen wurden also nicht leistungsorientiert gezüchtet. Das birgt gewisse Nachteile in sich. Bei den Gebrauchshunden wurden nur die gesündesten und leistungsfähigsten Hunde zur Zucht verwendet, nicht so bei den Gesellschaftshunden. Besonders die zahlreichen Klein- und Zwergrassen leiden unter Degenerationserscheinungen. Zum Teil ist die Lebensqualität dieser Tiere stark eingeschränkt (z. B. beim Mops, der Atemprobleme hat). Die meisten der Klein- und Zwergrassen sind für Familien mit Kindern nicht zu empfehlen.

Dalmatiner

Eleganter Hund, der sehr viel Bewegung braucht. Ideal als Begleiter für Reiter. Guter Familienhund für sportliche Menschen, lebhaft und leicht

Unkomplizierte, fröhliche Familienhunde sind die Dalmatiner. Seit 1997 gehören sie zur FCI-Gruppe „Lauf-, Schweiß- und Vorstehhunde“.

Die Französische Bulldogge sieht zwar etwas grimmig aus, ist aber vom Wesen her eher lustig.

Bild oben: Pekingesen sind selbstbewußt und furchtlos.

Bild unten: Pudel gehören zu den intelligentesten Rassen. Sie haben sogar Spaß am Erlernen von Kunststücken.

zu erziehen. Er ist intelligent und möchte intensiv beschäftigt werden.
Der Dalmatiner neigt zu Hautproblemen, außerdem gibt es immer wieder Hunde, die taub sind oder nur auf einem Ohr hören.

Beim Kauf darauf achten, daß das Hörvermögen des Hundes in Ordnung ist.

Französische Bulldogge

Kleiner, gedrungener Hund mit relativ geringem Bewegungsdrang. Als Stadt- und Wohnungshund geeignet. Bellt wenig.
Gesundheitliche Probleme können durch den unnatürlichen Körperbau entstehen.

Pekingese

Kleiner, sehr selbstbewußter und eigensinniger Hund, der auch kampflustig und draufgängerisch sein kann. Wenig als Familienhund geeignet. Der unnatürliche Körperbau führt auch bei dieser Rasse zu Gesundheitsstörungen.

Pudel

Verträglicher, intelligenter, anhänglicher Begleiter, der sehr gerne spielt und leicht zu erziehen ist. Er ist wachsam und liebt Bewegung. Das Fell haart nicht, muß aber regelmäßig geschoren werden.
Den Pudel gibt es als Groß-, Mittel- und Zwergpudel.
Für Familien sind am ehesten der Groß- und der Mittelpudel geeignet. Auf sorgfältige Zucht achten!

Die Windhunde sind eine besondere und die älteste Form der Jagdhundrassen. Sie jagen auf Sicht und hetzen das Wild bis zur Erschöpfung. Windhunde haben ein enormes Laufbedürfnis mit ausgeprägtem Hetztrieb, dem man nur auf der Windhundrennbahn gerecht werden kann. Windhunde sind sensibel und oft anschmiegsam, strahlen aber immer eine gewisse Reserviertheit aus. Die Erziehung ist schwieriger als bei anderen Rassen und stellt hohe Anforderungen an Geduld, Konsequenz und Einfühlungsvermögen des Halters. Die Windhundrassen sind keine ausgesprochen empfehlenswerten Familienhunde.

Afghane

Stolzer, unabhängiger Hund mit üppigem seidigem Fell, das viel Pflege braucht. Sein Ursprungsland ist Afghanistan.

Barsoi

Ein ruhiger, zurückhaltender Hund mit angenehmem, sanftem Wesen. Der Barsoi hat einen angeborenen Schutztrieb und ist im Ernstfall ein kompromißloser Kämpfer.

Der ruhige, zurückhaltende Barsoi hat ein enormes Bewegungsbedürfnis.

Greyhound

Anschmiegsamer, liebevoller, ruhiger Gefährte, der engen Familienanschluß braucht. Er hat ein sehr großes Laufbedürfnis und einen ausgeprägten Hetztrieb.

Mit bis zu 85 cm Schulterhöhe ist der Wolfhound der größte Hund der Welt.

Attraktiv und exotisch wirken die Afghanen. Ihr seidiges Fell verlangt intensive Pflege.

Irish Wolfhound

Wegen seiner Größe und des schnellen Wachstums ist dieser Hund sehr anspruchsvoll und teuer in der Aufzucht und Haltung. Guter, sanftmütiger Familienhund, der viel Raum und Bewegung braucht.

Weitere Rassen: Saluki, Deerhound, Azawakh, Magyar Agar, Whippet, Italienisches Windspiel, Sloughi.

Kein Gramm Fett zuviel hat dieser Greyhound.

Richtig halten und pflegen

Ein Hund ist darauf angewiesen, daß »sein« Mensch weiß, was gut für ihn ist. Das gilt nicht nur für die hundegerechte Ausstattung, sondern auch für Pflege, gesunde Ernährung und Gesundheitsvorsorge.

Was der Hund alles braucht

Das neue Familienmitglied soll sich von Anfang an zu Hause fühlen. Alles, was der Vierbeiner an Ausstattung braucht, sollte deshalb bei seinem »Einzug« ins neue Heim schon vorhanden sein.

Der Schlafplatz

Damit sich der Hund so richtig wohl fühlt, braucht er einen festen eigenen Platz in der Wohnung. Hierhin kann er sich zurückziehen, wenn er Ruhe braucht, oder Beobachtungsposten beziehen, wenn es ihm in der Wohnung zu hektisch zugeht. Wo dieser Platz sein soll, sucht sich der Vierbeiner meist selbst aus. Wenn nicht, sollte man ihm eine Stelle anbieten, die in einer etwas ruhigeren Zone der Wohnung liegt.

Damit es sich der Hund dort gemütlich machen kann, braucht er ein Hundebett. Hier ist das Angebot im Fachhandel recht groß, und man hat die Qual der Wahl.

Es gibt Körbchen, Matratzen, styroporgefüllte Kissen, Liegeschalen usw. in allen mögli-

Genug gespielt. Herzhaft gähnt der sieben Wochen alte Mischling. Er möchte jetzt schlafen.

Solch ein Scherengitter ist einbruchsicher und sorgt für frische Luft im Auto.

chen Ausführungen und Designs. Wofür Sie sich letztlich entscheiden, ist reine Geschmackssache.
Zwei Kriterien sind allerdings wichtig.

- Das Hundebett sollte mit einer Unterlage ausgestattet sein, die man herausnehmen und waschen kann (→ Zeichnung 2, Seite 54).
- Das Hundebett muß der Größe des Hundes entsprechen. Groß genug ist das Hundebett dann, wenn der Hund sich, auf der Seite liegend, ganz ausstrecken kann. Er darf beispielsweise nicht vom Rand des Körbchens eingeengt werden oder schon neben der Matratze liegen, weil deren Liegefläche zu klein ist.

Welpen fühlen sich oft in einer Art Höhle wohl. Je nach Größe des Hundekindes kann dafür ein Katzenkorb oder aber eine Transportbox aus Kunststoff für Hunde – wie sie auch für Flugreisen zugelassen ist – verwendet werden.

Futter- und Wassernapf

Zur Aufnahme von Futter und Wasser braucht der Hund zwei Gefäße. Es gibt sie in den verschiedensten Ausführungen und Designs. Für welches »Modell« Sie sich letztlich entscheiden, ist ebenfalls Geschmackssache.
Wichtig bei der Auswahl der Gefäße ist jedoch:

- Die Näpfe sollten rutschfest und gut zu reinigen sein.
- Die Größe der Näpfe sollte auf die Größe des Hundes abgestimmt sein.

Richtig ist die Größe dann, wenn bei entsprechender Futtermenge für Ihren Hund der Futternapf etwa zu zwei Dritteln gefüllt ist. Auf diese Weise läßt sich auch verhindern, daß Ihr Vierbeiner übermäßig kleckert.
Für sehr langohrige Hunde, wie etwa Spaniels oder Bassets, gibt es spezielle Futter-

näpfe, die verhindern, daß die Ohren in die Mahlzeit hängen. Diese Näpfe sind etwas höher und werden von unten nach oben enger (→ Zeichnung 4, Seite 55).

Für besonders große Rassen wie etwa die Dogge oder den Irish Wolfhound gibt es Futternäpfe, die höhenverstellbar sind, damit sich der Hund beim Fressen nicht so tief bücken muß (→ Zeichnung 5, Seite 55).

Leine, Halsband, Pfeife

Für den Welpen ist am besten ein Leder- oder Textilhalsband mit einer entsprechenden Leine geeignet. Wichtig ist, daß beides der Größe des Hundes angepaßt ist. Die Weite des Halsbandes muß verstellbar sein, die Leine sollte in der Länge zu variieren sein. Nicht verwendet werden für Welpen Würge- und Stachelbänder.

Für den erwachsenen Hund gibt es Textil-, Leder- und Kettenhalsbänder ohne, mit begrenzter oder unbegrenzter Zugwirkung. Für die meisten Hunde empfiehlt sich die Verwendung eines Halsbandes mit begrenzter Zugwirkung. Wichtig ist auch hier, daß das Halsband paßt. Das heißt, es darf nicht zu eng sein, der

1 Wichtig für die Erziehung: »Halti«, Leine, Pfeife und Dummy

2 Diese Liegeschale aus Kunststoff läßt sich gut sauberhalten.

3 Freßnapf aus Edelstahl.

4 Napf für langohrige Hunde.

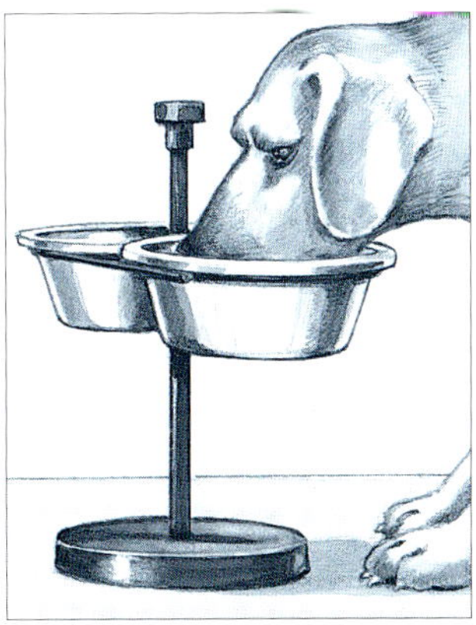

5 Höhenverstellbarer Napf.

Hund sollte es aber nicht abstreifen können.
Zum Führen des Hundes eignet sich am besten eine in der Länge verstellbare Leine aus Leder oder textilem Material.
Eine Automatikleine ist zum Üben mit dem Vierbeiner ungeeignet und sollte nur dann verwendet werden, wenn der Hund aus irgendwelchen Gründen nicht frei laufen darf z. B. weil er an einer Verletzung leidet.
Erziehungshilfsmittel wie z. B. das Kopfhalfter »Halti« finden Sie in Zoofachgeschäften in reicher Auswahl. Dieses Halfter wird zur Korrektur bestimmter Erziehungs-Probleme mit dem Hund wie z. B. übermäßigem Zerren an der Leine oder Unverträglichkeit mit Artgenossen eingesetzt und ist in erster Linie für den vorübergehenden Gebrauch bestimmt. Damit der Hund den richtigen Umgang mit dem »Halti« lernt, sollte es nur unter kompetenter Anleitung eingesetzt werden.
Das Erziehungshalsband, auch bekannt als »Stachelhalsband« oder »Koralle«, sollte nur dann verwendet werden, wenn nichts anderes zum gewünschten Erziehungserfolg geführt hat. Wenn überhaupt, sollte es nur vorübergehend und unter kompetenter Anleitung verwendet werden.
Nicht empfehlenswert sind die diversen »Modelle« von Brustgeschirren. Sie können zu Beeinträchtigungen der Gelenke und Bänder im Schulterbereich führen.
Wer seinen Hund auf Pfeifsignale trainieren möchte, sollte auch bereits die Pfeife im Haus haben. Empfehlenswert für diesen Zweck ist eine Hundepfeife aus Horn, die in Zoofachgeschäften erhältlich ist. (→ Zeichnung 1).

Spielzeug

Die meisten Hunde spielen sehr gerne und schätzen es deshalb auch, wenn sie zu Hause eine entsprechende Auswahl an Spielsachen haben. Kaufen Sie spezielles Hundespielzeug z. B. aus Vollgummi oder Büffelhaut. So spielt der Hund nur mit Materialien, die für ihn ungefährlich sind.
Eigenes Spielzeug macht es dem Hund außerdem leichter zu lernen, daß Herrchens Schuhe und das Spielzeug der Kinder tabu sind.
Welche Art Spielsachen Ihr Vierbeiner bevorzugt, müssen Sie ausprobieren. Manche sind verrückt nach Bällen,

manche mögen lieber etwas, das quietscht. Wieder andere lieben Apportierknuddel oder Ringe und Taue für Ziehspiele, und für wasserbegeisterte Apportierfans gibt es sogar Schwimmringe.

Hinweis: Achten Sie bei der Auswahl der Spielsachen darauf, daß sie in der Größe zu Ihrem Vierbeiner passen. Das Spielzeug soll also nicht so klein sein, daß der Hund es verschlucken könnte. Es darf aber auch nicht zu groß sein, sonst kann es der Hund nicht mehr bequem tragen.

Haltung im Zwinger?

An dieser Stelle möchte ich kurz auf die Zwingerhaltung eingehen. Grundsätzlich ist diese Form der Hundehaltung artwidrig. Der Hund wird dabei in seinem Bedürfnis, mit seiner Familie und der Umwelt Kontakt aufzunehmen, stark beeinträchtigt. Dies kann bei längerer Zwingerhaltung zu schweren und auch gefährlichen Verhaltensstörungen führen. Deshalb ist eine Haltung im Zwinger, wenn überhaupt, nur für einen kurzen Zeitraum vertretbar. Dies wäre dann der Fall, wenn man z. B. einen Hund hat, der sich grundsätzlich nur ungern im Haus aufhält.

Soll ein solcher Hund ein paar Stunden allein zu Hause bleiben, ist er für diese Zeit meist besser in einem geräumigen Zwinger mit Hütte aufgehoben, als daß man ihn freilaufend im Garten läßt.

TIP

Lassen Sie Ihren Hund keinesfalls zu lange allein im Garten oder im nicht abgesperrten Auto. Es ist schon häufig vorgekommen, daß ein teurer Rassehund plötzlich verschwunden ist, weil er gestohlen wurde. Am Gartenzaun lauern auch noch andere Gefahren wie etwas das Vegiften des Hundes durch einen ausgemachten »Hundefeind«.

Wenn Hund und Katze von klein auf zusammenleben, entstehen manchmal sogar regelrechte Freundschaften.

Ein Vollgummiball ist das richtige Hundespielzeug.

Gefahren in Haus und Garten

Gefahrenquellen	**Mögliche Auswirkungen**	**Vermeiden der Gefahr**
Balkon	Absturzgefahr	Netz als Absturzsicherung anbringen (im Zoofachhandel erhältlich).
Glatte Fußböden	Ausrutschen, Verletzungen	Hund nicht herumtollen lassen, »Teppichinseln« schaffen.
Chemikalien, Putzmittel, Unkraut- und Schädlingsbekämpfungsmittel	Vergiftung	Alles in geschlossenen Schränken aufbewahren, auf chemische Unkraut- und Schädlingsbekämpfungsmittel verzichten.
Geöffnete Fenster	Absturzgefahr	Fenster nur kippen, bei geöffnetem Fenster den Hund nie ohne Aufsicht lassen.
Gartenteich, Swimmingpool	Ertrinken	Durch Zaun absichern, Kletterhilfen in den Teich einbauen, Pool durch Abdeckung (z. B. einem Netz) sichern.
Giftige Pflanzen	Vergiftung	In Haus und Garten auf Giftpflanzen verzichten (→ Bücher, die weiterhelfen, Seite 125).
Scharfkantige, spitze Gegenstände	Verletzungen	Näh- und Stricknadeln, Nägel oder ähnliches nicht herumliegen lassen.
Spielzeug aus Plastik	Verschlucken, Darmverschluß	Keine kleinen Spielsachen wie z. B. Legosteine herumliegen lassen.
Stromleitungen, Steckdosen	Stromschlag	Kabel ausstecken, Steckdosen mit Kindersicherung versehen.
Steile und freitragende Treppen	Absturzgefahr	Besonders für Welpen z. B. mit einem Kindergitter absperren.
Nicht eingezäuntes Grundstück	Diebstahl des Hundes, Verkehrsunfall	Grundstück einzäunen; Hund während Abwesenheit nicht allein im Garten lassen.

Den Hund gesund ernähren

Die Ernährung eines Hundes sollte ausgewogen sein und seinen Bedürfnissen entsprechen. Auf diese Weise kann man Krankheiten des Hundes vorbeugen, er fühlt sich wohl und bleibt fit bis ins hohe Alter.

Fertigfutter

Hundefutter gibt es heute in einem schier unüberschaubaren Angebot in den verschiedensten Angebotsformen. Der wichtigste Vorteil von Fertigfutter liegt darin, daß alle Vitamine, Spurenelemente usw. in den für den Hund richtigen Mengen enthalten sind. Außerdem entfällt eine Futterumstellung des Hundes, wenn er z. B. mit in den Urlaub fährt, da man Fertigfutter ohne Probleme mitnehmen kann.

Die einzelnen Futterarten

Grundsätzlich unterscheidet man drei Arten: die Vollnahrung, das Basis- sowie das Ergänzungsfutter.
Die Vollnahrung enthält alles, was der Hund braucht. Es muß nichts mehr hinzugefügt werden.
Das Basisfutter besteht aus Fleisch und wird durch Hinzufügen des Ergänzungsfutters, das sind Getreideflockenmischungen, zur kompletten Mahlzeit.
Fertignahrung ist als Dosen- und als Trockenfutter erhältlich. Wofür Sie sich entscheiden, hängt nicht zuletzt vom Geschmack Ihres Vierbeiners ab. Weniger Müll fällt allerdings bei Verwendung von Trockenfutter ab. Dieses ist überwiegend in recyclingfähigen Papierverpackungen erhältlich.
Hinweis: Achten Sie bei der Verwendung von Fertigfutter darauf, daß die Hundenahrung frei von Farb- und Konservierungsstoffen ist.

Die unterschiedlichen Ansprüche

Nicht alle Hunde benötigen das gleiche Futter. Der Nährstoffbedarf oder die Art des Futters richten sich nach Aktivität, Alter und eventuellen gesundheitlichen Beeinträchtigungen des Hundes. Um den vierbeinigen Gefährten in jeder Lebensphase oder im Krankheitsfall optimal zu ernähren, bietet die Futtermittelindustrie spezielles Futter an. So gibt es Welpennahrung, Futter für Junghunde, für den normal aktiven sowie für den alten Hund. Außerdem gibt es

Wenn gutes Futter lockt, ist diesem Bearded Collie kein Weg zu weit, um seinen Napf dort hinzutragen.

Spezialfutter für den Sport- und Leistungshund, Diätfutter für den zu dicken Hund sowie für empfindliche und allergiegefährdete Vierbeiner.

Wieviel Futter braucht der Hund?

Als Richtlinie für die richtige Futtermenge kann man sich an die Empfehlungen halten, die auf den Futterpackungen stehen. Da es aber bei den Hunden ebenso wie bei uns Menschen unterschiedliche Futterverwerter gibt, können diese Hinweise nur Anhaltspunkte sein.

Ob Ihr Hund zu dick ist, können Sie folgendermaßen feststellen: Tasten Sie hinter den Schultern auf mittlerer Höhe des Brustkorbs nach den Rippen. Sind sie gut fühlbar und nur mit einer geringen Fettschicht bedenkt, hat Ihr Hund die optimale Figur. Auch bei Hunden mit üppigerem Fell lassen sich die Rippen gut fühlen. Sind die Rippen dagegen nicht mehr zu fühlen, ist er zu dick (→ So füttern Sie richtig, Seite 61).

Der Welpe darf etwas Babyspeck haben, aber nicht zuviel. Bedenken Sie, daß Übergewicht die Gelenke und Bänder sowie das Herz eines Hundes sehr belastet. Dies kann, besonders bei jungen Hunden, zu gesundheitlichen Problemen führen.

Wie oft wird gefüttert?

Welpe: Da das Verdauungssystem eines Welpen noch nicht ganz ausgereift ist und er im Vergleich zu seiner Körpergröße mehr Futter benötigt als ein erwachsener Hund, erhält der Welpe mehrere Mahlzeiten am Tag. Bis zum Alter von einem halben Jahr bekommt er vier Mahlzeiten, davon eine Milchmahlzeit (Welpenmilch).

Junghund: Ab dem sechsten Lebensmonat läßt man die Milchmahlzeit weg und füttert den Hund etwa bis zum neunten Monat dreimal. Ab jetzt genügen zwei Mahlzeiten pro Tag.

TIP

Achten Sie beim Kauf von Fertigfutter genau auf die Inhaltsstoffe, die auf den Etiketten angegeben sind. Vergleiche unter den verschiedenen Herstellern lohnen sich, denn nicht immer ist das teuerste Futter auch das beste für Ihren Hund. Die Futterzusammensetzung richtet sich nach dem Alter des Hundes und seiner Beanspruchung (→ Seite 61).

Die Tagesration sollte für Junghunde auf mehrere Mahlzeiten pro Tag verteilt werden.

So füttern Sie richtig

1. Haben Sie das geeignete Futter gefunden, bleiben Sie dabei. Hunde brauchen keine Abwechslung. Dagegen führt ein ständiger Wechsel zwischen Futtersorten zu einer unnötigen Belastung des Verdauungstrakts.

2. Fügen Sie dem Fertigfutter keine anderen Nahrungsmittel hinzu, sonst entsteht ein Ungleichgewicht in der Zusammensetzung. Etwas Quark oder Joghurt, ab und zu ein Eidotter oder etwas Obst und Gemüse schaden nicht.

3. Keine menschlichen Speisereste für den Hund!

4. Der Hund sollte beim Fressen etwas zu kauen haben. Deshalb darf das Futter nicht wie eine Suppe oder ein dünner Brei sein.

5. Dem Hund muß stets frisches Wasser zur Verfügung stehen, besonders bei der Verwendung von Trockenfutter.

6. Die Mahlzeit muß gut temperiert sein. Also nie zu heiß und nie direkt aus dem Kühlschrank füttern.

Ernährungsplan

Junge Hunde (Kleine Rassen bis 12 Monate; große Rassen bis 18 Monate)	● erhöhter Bedarf an Rohprotein, Rohfett, Calcium-Phosphor	● verminderter Bedarf an Kohlehydraten
Leistungshunde	● erhöhter Bedarf an Rohprotein, Rohfett, Rohfaser	● verminderter Bedarf an Kohlehydraten
Übergewichtige Hunde	● erhöhter Bedarf an Kohlehydraten, Rohfaser	● verminderter Bedarf an Rohfett und Rohprotein
Alte Hunde	● erhöhter Bedarf an Kohlehydraten und Rohfaser	● verminderter Bedarf an Rohfett, Rohprotein und Phosphor-Natrium
Allergische Hunde	● Hypoallergene Diät aus Lamm und Reis	● kein Soja- und Rindereiweiß ● kein Weizengluten
Alle Hunde	● genügend ungesättigte Fettsäuren	

Dieser »Geburtstagskuchen« besteht aus gesunden Hundefutter-Zutaten.

Erwachsener Hund: Ist der Hund etwa ein Jahr alt, reicht eine Mahlzeit am Tag aus.
Hinweis: Bei empfindlichen und älteren Hunden ist es ratsam, die tägliche Ration auf zwei Fütterungen aufzuteilen, um den Verdauungstrakt zu schonen.

Futterzusätze

Um den Hund ausreichend mit Spurenelementen und Mineralstoffen zu versorgen, gibt es Futterzusätze in Form von Tabletten und Pulvern. Der Bedarf solcher Mittel hängt beim Hund sehr von der zu erwartenden Größe, der Rasse und der Schnelligkeit des Wachstums ab. Setzen Sie sich deshalb vor der Verabreichung unbedingt mit dem Tierarzt in Verbindung, und besprechen Sie mit ihm die Dosierung für Ihren Hund.
Besonders das Verhältnis Calcium-Phosphor ist in diesem Zusammenhang wichtig. Ein Zuviel kann sich ebenso wie ein Defizit negativ auf die Entwicklung des Hundes auswir-

Wie backt man einen Hundekuchen?

Katharina und Maria wollten ihre Hunde mit einem Geburtstagskuchen überraschen. Wenn Du ihn für deinen Hund nachbacken möchtest brauchst du: 1 große Dose Hundefutter (1200 Gramm), 200 bis 400 Gramm weiche Hundeflocken, Semmelbrösel. Die Hundeflocken kurz in etwas Wasser einweichen.
Vermenge die Hundeflocken dann mit dem Hundefutter aus der Dose. Ist das Dosenfutter recht naß, brauchst du 400 Gramm Flocken. Ist es dagegen eher trocken, genügen 200 Gramm Flocken. Streue eine Napfkuchenform mit Semmelbröseln aus. Fülle den Futterbrei hinein. Der Kuchen wird im Backofen bei 150 Grad Wärme 1 Stunde gebacken.

Ein gesunder Genuß für Hunde: Knochen aus Büffelhaut für ein ausgiebiges Kauvergnügen.

ken und zu Gesundheitsschäden wie z. B. Wachstumsstörungen führen.

Ein wenig Naschen darf sein

Für zwischendurch, beispielsweise auf Ausflügen und als Belohnung, gibt es eine Vielzahl verschiedener Hundekuchen, Drops und anderer »Leckerlis«.
Bei der Erziehung des Hundes ist der vorübergehende Einsatz von Belohnungshäppchen eine wertvolle Hilfe. Ein harter Hundekuchen als »Betthupferl« hilft außerdem, die Zähne sauberzuhalten.
Eine gute Alternative zur Gabe von Knochen und für die Zahnpflege sind getrocknete Kauartikel wie etwa Schweineohren, Ochsenziemer oder Büffelhautknochen.
Knochen und Knorpel vertragen nicht alle Hunde. Knochensplitter, die abgeschluckt werden, können außerdem zu Verletzungen des Darms führen.
Hinweis: Um eine Überfütterung unseres Gefährten zu vermeiden, müssen diese zusätzlichen Häppchen jedoch in die tägliche Futterration mit eingerechnet werden.

Die selbstzubereitete Mahlzeit

Wer trotz des großen Fertigfutterangebots die Mahlzeiten selbst zubereiten möchte, muß auf die richtige Zusammensetzung achten. Zwei Drittel sollten aus Fleisch bestehen, ein Drittel aus Beikost wie Reis oder Getreideflocken.
Über die Verabreichung von Mineralstoffen und Vitaminen informieren Sie sich bitte bei Ihrem Tierarzt.

Die regelmäßige Pflege des Hundes

Damit sich Ihr Hund rundherum wohl fühlt, ist neben einer ausgewogenen Ernährung auch die sorgfältige Pflege wichtig. Empfehlenswert ist es, bereits den Welpen an die täglichen Pflegemaßnahmen zu gewöhnen. So wird auch der erwachsene Hund keine Probleme damit haben.

Die Fellpflege

Sie ist wichtig, damit das Fell des Hundes von abgestorbenen Haaren und Schmutz gesäubert wird.
Unsere Haushunde haben unterschiedlichste Fell- und Haararten mit verschiedenen Pflegeansprüchen. Dementsprechend gibt es viele verschiedene Kämme und Bürsten.
Achten Sie bei der Fellpflege darauf, daß Sie den Hund nicht ziepen, denn dies kann ihm die Prozedur nachhaltig verleiden.
Richtig daran gewöhnt, genießen die meisten Hunde jedoch die tägliche Fellpflege. Deshalb kann man diese Pflegemaßnahme auch als sogenannte »soziale Handlung« betrachten, die eine positive Wirkung auf die Bindung zwischen dem Hund und seinem Menschen hat.
Für die Fellpflege eines Hundes müssen Sie täglich etwa 15 bis 30 Minuten einplanen.

■ **Hunde mit kurz- und stockhaarigem Fell**
Sie sind am pflegeleichtesten. Für kurzhaarige Hunde wie beispielsweise den Boxer oder den Dalmatiner verwendet man am besten eine weiche Naturborstenbürste.
Stockhaarige Rassen wie etwa der Deutsche Schäferhund werden mit einem kurz- und weitgezahnten Striegel gebürstet.

■ **Hunde mit wolligem und rauhhaarigem Fell**
Diese Hunde haben meist eine dicke Unterwolle, die gründlich ausgebürstet werden sollte. Dazu eignet sich am besten eine Zupfbürste. Zu den rauhhaarigen Rassen zählt z. B. der Kromfohrländer wie auch der Irish Wolfhound. Wollhaarig ist der Pudel.

■ **Hunde mit mittel- und langhaarigem Fell**
Ihr Fell neigt dazu zu verfilzen. Deshalb ist es gut, mit einem Entfilzungskamm vorzukämmen. Anschließend wird das Haar mit einem mittelfeinen Kamm gekämmt. Zu den Langhaarigen gehören z. B. die Setter und Collies.

TIP

Gewöhnen Sie den Welpen mit einem speziellen Hörzeichen wie etwa »Komm, bürsten« oder ähnlichem an die Pflegemaßnahmen. Dazu gehören Bürsten, Kontrolle der Augen, Ohren, Zähne und Pfoten. Hat sich der Welpe während der Pflege ruhig verhalten, bekommt er zur Belohnung ein »Leckerli«.

Fellpflegeutensilien: Ein weitzinkiger Metallkamm, eine Zupfbürste für Hunde mit wolligem oder rauhhaarigem Fell und eine Bürste mit Naturborsten.

Langhaarige Bernhardiner müssen regelmäßig gekämmt und gebürstet werden. Bei den kurzhaarigen ist die Fellpflege einfacher.

Hinweis: Für alle Rassen geeignet sind Gumminoppenbürsten und -handschuhe. Es gibt sie in unterschiedlichen Ausführungen, je nach Haarart. Sie haben eine gute Massagewirkung und fördern die Durchblutung der Haut. Außerdem verleihen sie dem Fell einen leichten Glanz.

Manche Hunderassen müssen regelmäßig getrimmt oder geschoren werden, manche möchten ihre Besitzer besonders vor Ausstellungen äußerlich »in Form« bringen. Wie und wann das am besten geschieht, erfahren Sie bei den einzelnen Rassehundspezialverbänden (→ Adressen, die weiterhelfen, Seite 125).

Baden

Viele Hunde nehmen gern ein Bad im Fluß oder Weiher, andere sind peinlichst darauf bedacht, daß ja kein Härchen naß wird. Ein Bad im See oder

Fluß schadet Fell und Haut nicht. Die »Wassernarren« haben den Vorteil, daß ihre Vorliebe für ein stets sauberes Fell sorgt. Aber auch ein Hund, der nicht gerne badet, hat manchmal ein schmutziges Fell und muß gesäubert werden.

Ist der Vierbeiner »normal« verschmutzt, genügt es, ihn mit klarem Wasser abzuwaschen oder zu duschen. Vollbäder in der Badewanne dagegen liebt kein Hund.

So wird der Hund geduscht: Legen Sie eine Gummimatte in die Badewanne, damit der Hund nicht ausrutscht und die Emailleschicht der Badewanne geschont wird. Stellen Sie den Hund in die Wanne. Das Wasser sollte etwa handwarm sein, der Wasserstrahl nicht zu hart. Jetzt den Hund vorsichtig von den Beinen aufwärts abbrausen. Dabei den Kopfbereich möglichst aussparen. Augenpartie und Ohren nur feucht abwaschen. In vielen Fällen genügt auch eine Teildusche, z.B. wenn das Fell nur am Hinterteil verschmutzt ist. Nach dem Duschen wird der Hund kräftig mit einem Badetuch abfrottiert und so lange in einem warmen Raum gehalten, bis sein Fell trocken ist.

Bürsten und Kämmen empfinden viele Hunde als äußerst angenehme »Massage«.

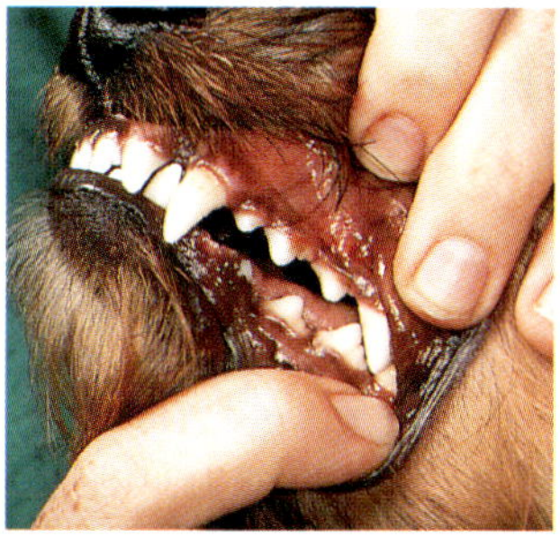

Zahnkontrolle. Dieser Hund hat ein gesundes Gebiß.

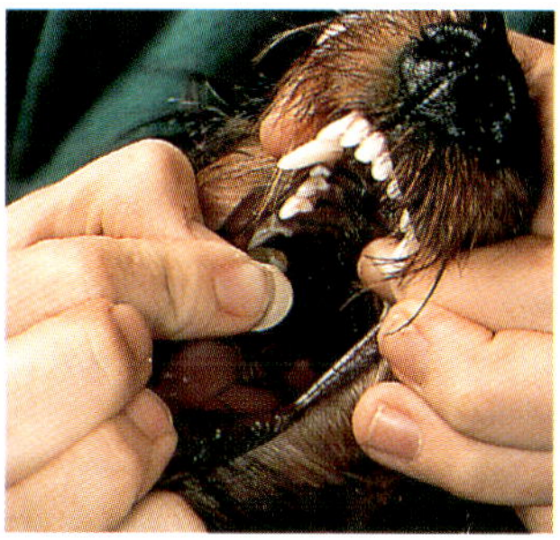

Tablette hinten auf die Zunge des Hundes legen (→ Seite 76).

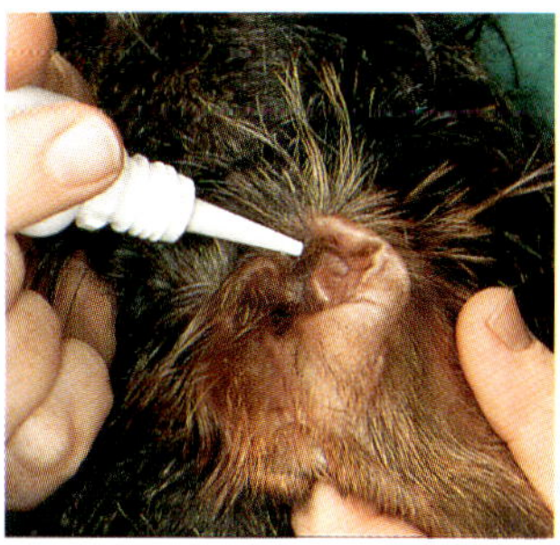

Ohrentropfen vorsichtig in den Gehörgang träufeln.

Bei langhaarigen Hunden kann dies zwei Stunden und länger dauern.

Hinweis: Das Fönen des Fells ist nicht empfehlenswert, denn die Fönluft trocknet die Haare zu sehr aus. Außerdem erschrecken viele Hunde vor dem oft lauten Geräusch des Föns.

Zahnpflege

Ein artgerecht ernährter Hund hat kaum Probleme mit den Zähnen. Hundegerechte Kauartikel, wie sie bereits im Ernährungskapitel (→ Ein wenig Naschen darf sein, Seite 63) beschrieben wurden, eignen sich sehr gut für die tägliche Zahnpflege.

Befindet sich der junge Hund im Zahnwechsel, sollte man darauf achten, daß alle Milchzähne ausfallen, wenn die neuen Zähne kommen. Bleibt ein Milchzahn im Kiefer, obwohl der neue Zahn bereits durchbricht, sollten Sie den Tierarzt konsultieren. Auch wenn sich Zähne verfärben, einen Belag aufweisen oder wenn Zahnstein entstanden ist, ist ein Besuch beim Tierarzt notwendig. Ein weiteres Anzeichen für ein Zahnproblem kann übler Geruch aus dem Maul sein.

Die Krallenpflege

Steht der Hund in normaler Haltung auf dem Boden und berühren in dieser Position die Krallen nicht ganz den Boden, haben sie die richtige Länge. Hunde, die auch auf Asphalt laufen, haben kaum Probleme mit den Krallen, denn auf diesem Belag nutzen sich die Krallen ab. Beim Welpen und Junghund oder wenn der Vierbeiner überwiegend auf weichem Untergrund läuft, kann es jedoch vorkommen, daß die Krallen zu lang werden. Auch die Daumenkrallen können zu lang werden und den Hund beeinträchtigen.

Krallen kürzt man mit einer speziellen Krallenzange. Achten Sie beim Krallenkürzen darauf, daß Sie kein Blutgefäß verletzen. Lassen Sie sich das Krallenschneiden am besten von einem Tierarzt zeigen.

Hinweis: Bei manchen Hunden kommen sogenannte Wolfs- oder Afterkrallen vor. Sie sitzen an den Innenseiten der Hinterbeine unterhalb der Ferse. Da der Hund mit diesen Krallen leicht hängenbleiben und sich so verletzen kann, sollten Sie diese bereits in den ersten Lebensmonaten des Hundes vom Tierarzt entfernen lassen.

Tips für Winter und Sommer

Winter	Sommer
● Pfoten säubern, wenn der Hund auf mit Salz gestreuten Wegen unterwegs war. ● Trockene, rissige Ballen mit Hirschtalg oder Melkfett einreiben. ● Verhindern, daß der Hund Schnee frißt (verursacht Durchfall). ● Hunde ohne wasserabweisende Unterwolle nicht ins Wasser lassen. ● Nasse Hunde nicht in der Kälte liegen lassen, sondern ins Warme bringen. ● Damit sich bei langhaarigen Hunden keine Schneeklumpen an den Pfoten bilden, Haare kurz schneiden oder sich ein Spezialpräparat zum Einreiben besorgen (in manchen Fachgeschäften erhältlich), das die Klumpenbildung verhindert. ● Bei großer Kälte Hund nicht lange im geparkten Auto lassen.	● Hund nie lang im abgestellten Auto lassen. ● Immer für frisches Wasser sorgen. ● Keine Aktivitäten wie Leistungssport oder Radfahren in die heißeste Tageszeit legen. ● Wasserbegeisterten Vierbeinern öfter die Gelegenheit zu einem Bad geben. ● Bei Spaziergängen darauf achten, daß der Hund nicht auf von der Sonne aufgeweichtem Asphalt läuft. ● Kranke und alte Hunde bei Hitze besonders schonen. ● Darauf achten, daß der Hund aus keiner Pfütze trinkt, in der sich Gülle befindet.

Ein Liegestuhl gehört nicht unbedingt zur Hundeausstattung. Dieser Kleine nutzt aber das »Angebot der Stunde«.

Darf man einen Hund baden?

Ein Schaumbad in der Badewanne ist für die Hundehaut und das Fell schädlich. Badeschaum und Haarshampoo, das du verwendest, macht die Haut des Hundes trocken. Es entzieht der Haut und dem Fell Fett. Doch gerade das Fett verhindert, daß der Hund bei Kälte friert oder Regen durch sein Fell auf die Haut dringt.
Ein Hund, der ein sehr stark vermutztes Fell hat, muß jedoch manchmal gebadet werden. Zum Reinigen des Hundes darf man dann nur Hundeshampoo benutzen.

Yorkshire Terrier gehören immer noch zu den beliebtesten Kleinhunden.

Augen- und Ohrenpflege

Die Augen: Gesunde Augen brauchen normalerweise keine besondere Pflege. Wenn sich Augensekret angesammelt hat, wird es mit einem weichen, fusselfreien Tuch feucht oder trocken abgewischt.
Dies ist besonders wichtig bei Rassen, denen »unnormale« Augen angezüchtet wurden wie beispielsweise beim Basset oder beim Mops.
Trübe und entzündete, gerötete Augen sowie eitriger Ausfluß deuten auf Krankheiten hin und müssen vom Tierarzt behandelt werden.
Die Ohren: Die Ohren sollten regelmäßig kontrolliert werden. Besonders Hunde mit Hängeohren neigen oft zu Entzündungen, da die Luft im Gehörgang nicht richtig zirkulieren kann.
Der äußere Gehörgang und die Ohrmuschel sollen frei von Verschmutzungen sein. Reinigen Sie in regelmäßigen Abständen den äußeren Gehörgang. Dies geschieht mit einem Pflegeöl (Babyöl), das auf einen Wattebausch oder auf ein weiches Tuch gegeben wird.
Hinweise auf eine Erkrankung sind auffälliges Kratzen am Ohr, häufiges Kopfschütteln, Schiefhalten des Kopfes sowie übler Geruch aus dem Gehörgang. Suchen Sie bei diesen Symptomen den Tierarzt auf.

Gesundheitsvorsorge und Krankheiten

Trotz artgerechter Haltung und sorgfältiger Aufzucht kann es geschehen, daß Ihr vierbeiniger Freund krank wird. Beobachten Sie deshalb Ihren Vierbeiner, und gehen Sie rechtzeitig zum Tierarzt, wenn Sie ungewöhnliche Veränderungen in Aussehen oder Verhalten feststellen.

Entwurmung

Eine regelmäßige Entwurmung ist zur Gesunderhaltung des Hundes wichtig. Ein von Würmern befallener Hund ist geschwächt und somit anfälliger für Krankheiten. Einige Wurmarten sind außerdem auf den Menschen übertragbar.

Spulwürmer können Welpen bereits im Mutterleib bekommen. Deshalb müssen sie das erste Mal mit sechs Wochen entwurmt werden. Weitere Wurmkuren folgen mit acht und mit zwölf Wochen sowie mit sechs und neun Monaten.

Von Bandwürmern kann besonders der erwachsene Hund befallen werden. Deshalb sollte er vorbeugend zweimal jährlich entwurmt werden. Wirksame Präparate erhalten Sie beim Tierarzt.

Hinweis: Unter Umständen sind auch mehrere Wurmkuren jährlich nötig, nämlich dann, wenn der Hund Flöhe hat oder gerne Mäuse frißt. Flöhe und Mäuse sind die Hauptüberträger des Hundebandwurms. Außer Spul- und Bandwürmern kommen beim Hund auch Haken-, Peitschen- und Lungenwürmer sowie Kokzidien vor. Starken Wurmbefall erkennt man je nach Art an Eiern, Larven oder Wurmgliedern bzw. Würmern im Kot. Kokzidien sind nur unter dem Mikroskop sichtbar.

Impfungen

Zu den gefährlichsten Infektionskrankheiten, die den Hund bedrohen, gehören: Staupe, Hepatitis, Zwingerhusten, Parvovirose, Tollwut und Leptospirose. Eine Infektion mit diesen Krankheiten verläuft meist tödlich.

TIP

Impfungen schützen den Hund vor gefährlichen Krankheiten. Achten Sie deshalb beim Kauf des Hundes unbedingt darauf, daß im Impfpaß die dem Alter entsprechenden Impfungen ausgeführt sind (→ Impftabelle, Seite 73). Haben Sie Zweifel an der Richtigkeit der Eintragungen, suchen Sie den Tierarzt auf.

Bei Halsentzündungen hilft dem Hund ein wärmender Schal.

Der kranke Hund

Die folgende Tabelle zeigt Ihnen, welche Symptome auf eine Krankheit hindeuten können. Achten Sie besonders beim Kauf eines Hundes darauf.

	Gesunder Hund	Kranker Hund
Augen	klar	gerötet
Nase	sauber	Ausfluß, vereitert
Ohren	sauber	Ausfluß, vereitert
Fell	glänzend	stumpf, kahle Stellen, Ekzeme
Schleimhäute	rosa	blaß
Zahnfleisch	durchblutet	entzündet
Bewegungs-apparat	flüssiger Bewegungsablauf	Lahmen, Probleme beim Aufstehen, Schmerzlaute
Verdauung	Kot fest, sauberer Analbereich	Durchfall, Analregion verklebt. Wiederholtes Erbrechen, Abmagern
Verhalten	interessiert, vital, frißt und trinkt normal	lustlos, apathisch, mürrisch, frißt unregelmäßig oder gar nicht, trinkt viel, Unruhe, Winseln

Überlebende Hunde leiden oft an lebenslangen Folgeschäden. Lediglich Zwingerhusten und Leptospirose können vom Tierarzt behandelt werden, sind aber sehr ansteckend.
Um den Hund vor diesen gefährlichen Krankheiten zu schützen, muß man ihn regelmäßig impfen lassen. Der Nachweis eines Impfschutzes ist auch wichtig für Reisen ins Ausland sowie für die Teilnahme an Hundeausstellungen, Leistungsprüfungen oder Ausbildungskursen (→ Impftabelle, Seite 73).
Damit der Hund bei einer Impfung ganz gesund ist, sollte er vorher entwurmt werden.
Achtung: Tollwut und Leptospirose sind auch auf den Menschen übertragbar.

Die Kastration

Beim Rüden: Eine Kastration (Entfernung der Hoden) empfiehlt sich beim Rüden dann, wenn er Verhaltensauffälligkeiten zeigt, die in Zusammenhang mit dem Sexualhormon Testosteron stehen können.
Dazu gehören Aggressivität gegenüber anderen Rüden, ständiges Aufreiten auch auf nicht läufige Hündinnen sowie ausgeprägte Unruhe und Suche nach Hündinnen. Der

Rüde sollte bei der Kastration mindestens ein Jahr alt sein, jedoch nicht viel älter. Unerwünschte Verhaltensweisen können sonst schon so »eingefahren« sein, daß eine Kastration oft nicht mehr den erwünschten Erfolg bringt. Der Rüde wird durch die Kastration nicht phlegmatisch, wie oft behauptet wird.
Hinweis: Die Kastration ist kein »Allheilmittel«. Sie bewirkt nichts bei territorialer Aggressivität, bei Aggressivität durch Haltungsfehler oder angeborener Wesensschwäche sowie bei Streunen aus Langeweile. Ebensowenig hilft sie bei Hunden, die unruhig und unausgeglichen sind, weil sie unzureichend beschäftigt werden.
Bei der Hündin: Hier ist eine Kastration (Entfernung der Eierstöcke) anzuraten, wenn die Hündin sehr ausgeprägt scheinträchtig ist. Dies begünstigt die Entstehung von Krebs. Über den richtigen Zeitpunkt der Kastration gibt es verschiedene Meinungen. Wichtig ist, daß die Hündin ausgewachsen ist, was in der Regel dann der Fall ist, wenn sie zum ersten Mal läufig wird. Dies kann, je nach Rasse, zwischen sechs und achtzehn Monaten sein. Deshalb erscheint eine Kastration nach der ersten Läufigkeit, was viele Tierärzte vertreten, sinnvoll. Zu diesem Zeitpunkt ist auch das Wesen einer Hündin voll entwickelt, was bei der Frage einer Kastration auch bedacht werden sollte. Neigt eine Hündin zu sehr dominantem oder aggressivem Verhalten, kann dies durch die Kastration verstärkt werden.
Hinweis: Bei kastrierten Hunden sollte die Futtermenge strikt um ein Drittel verringert werden, da sie zu mehr Fettansatz neigen.

Der Deutsche Schäferhund ist die bekannteste Gebrauchshunderasse der Welt.

Impfplan gegen die gefährlichsten Infektionskrankheiten

	Grundimmunisierung Lebenswoche 6.	8.	10.	12.	14.	16.	Aufrischungsimpfung 1. Auffrischung	alle weiteren
Parvovirose	●	–	●	–	●	–	1 Jahr	jährlich
Staupe	–	●	–	●	–	●	1 Jahr	jährlich
Hepatitis	–	●	–	●	–	●	1 Jahr	jährlich
Leptospirose	–	●	–	●	–	●	1 Jahr	jährlich
Tollwut	–	–	–	●	–	–	1 Jahr	jährlich
Zwingerhusten	–	●	–	●	–	●	1 Jahr	jährlich

Wichtig: Impfungen werden nicht sofort wirksam. Der Impfschutz tritt in der Regel nach etwa 1 bis 2 Wochen ein.

Hautparasiten

Die Haut des Hundes ist beliebtes Ziel für lästige Plagegeister wie Zecken, Läuse, Haarlinge und Milben.

Auf einen Befall mit diesen Parasiten deutet vermehrtes Kratzen hin.

Zecken bohren sich in die Haut, um Blut zu saugen. Sie lassen sich gut mit einer Zeckenzange, aber auch mit den Fingern herausdrehen.

Von anderen Parasiten findet man je nach Art Kot oder Eier im Fell des Hundes und bei Milbenbefall einen rostbraunen Belag auf der Haut. In diesen Fällen ist ein Besuch beim Tierarzt notwendig. Unbehandelter Parasitenbefall kann zu Kratzekzemen und Haarausfall führen.

Durchfall und Verstopfung

Durchfall: Hat der Hund Durchfall, bekommt er zunächst einen Tag lang nur schwarzen Tee. Am nächsten Tag erhält er Schonkost z. B. in Form von gekochtem Reis mit Hüttenkäse oder Hafer-

schleim. Bessert sich der Zustand nicht, hat der Hund Fieber (über 37 °C) oder enthält der Kot Blut, muß er zum Tierarzt. Auch bei Durchfall in Verbindung mit Erbrechen muß der Tierarzt zu Rate gezogen werden. Entzündungen, aber auch Vergiftungen können hier die Ur-sache sein.
Besonders bei Welpen und Junghunden können diese Symptome schnell zur Austrocknung des Körpers führen.
Verstopfung: Eine Verstopfung kann beim Hund die verschiedensten, ernsten Ursachen haben. Dauert sie länger als einen Tag, muß der Tierarzt aufgesucht werden.
Achtung: Ein sofortiger Tierarztbesuch ist nötig, wenn der Hund nach dem Fressen folgende Symptome zeigt: vergebliche Erbrechversuche, Unruhe, Würgen, vermehrtes Speicheln. Dazu kommt ein Aufblähen des Vorderbauchs und Atemnot. Diese Symptome deuten auf eine Magendrehung hin, die ohne rechtzeitige Operation innerhalb weniger Stunden zum Tod führt. Besonders anfällig sind große Rassen. Vorbeugen kann man, indem man den Hund etwa ein bis zwei Stunden nach dem Fressen nicht toben läßt.

Kannst du krank werden, wenn dich dein Hund abschleckt?

Wichtig ist, daß dein Hund gesund ist, regelmäßig geimpft und entwurmt wird und nicht allein in der Gegend herumstreunt. Dann kann er dich eigentlich nicht mit einer Krankheit anstecken, wenn er dich mit der Zunge abschleckt. Doch daß der Hund dein Gesicht schleckt, solltest du nicht zulassen. Schließlich schnuppert der Hund an allem, was er findet. Manchmal frißt er auch Abfälle. Hat der Hund zum Beispiel ausgiebig deine Hände geleckt, solltest du sie sicherheitshalber gründlich waschen. Wenn du erkältet bist oder eine Grippe hast, kannst du deinen Hund anstecken. Deshalb solltest du, solange du krank bist, nicht zu oft mit dem Hund schmusen.

Erste Hilfe in Notfällen

Bißverletzungen: Bei Raufereien kann es zu Bißverletzungen kommen, die sich leicht zu Abszessen entwickeln können. Deshalb nach einer Rauferei grundsätzlich mit dem Hund zum Tierarzt gehen. Bei stark blutenden Wunden muß ein Druckverband angelegt oder die Blutung durch den Druck mit der Hand auf das Blutgefäß gestillt werden.
Vergiftungen: Symptome für eine Vergiftung sind wieder-

Auch wenn es ein Trost sein kann, das Gesicht sollte der Hund nicht ablecken.

holtes Erbrechen, auch mit Blut, blasse oder bläuliche Schleimhäute, Ohnmacht, jagender Puls, Durchfall und Urin mit Blut. Sofort zum Tierarzt!
Hilfreich kann eine Magenspülung mit Kochsalzlösung (1 EL Salz auf 100 ml Wasser) sein, die man dem Hund mittels einer Einwegspritze (ohne Kanüle) 1/2 bis 1 Stunde nach der Giftaufnahme verabreicht.
Insektenstiche: Gefährlich kann der Stich einer Wespe, Biene oder Hornisse in den Hals oder Rachen des Hundes sein. Kühlen Sie die betroffene Stelle von außen mit einem Kühlbeutel. Auch ein Strumpf, in den man Eiswürfel füllt, tut gute Dienste. Gehen Sie aber schnellstmöglich zum Tierarzt. Das gilt auch für den Fall, wenn der Hund zur gleichen Zeit mehrere Stiche – auch in andere Körperteile – davongetragen hat. Bei manchen Hunden kommt es dann zu allergischen Reaktionen.

Eingeben von Medikamenten

Tabletten: Sie werden dem Hund am besten versteckt in einem Stück Streichwurst eingegeben. Klappt das nicht, legt man die Tablette dem Hund in den geöffneten Fang weit hinten auf die Zunge (→ Foto, Seite 67). Nun den Fang so lange zuhalten, bis der Hund die Tablette geschluckt hat. Anschließend etwas Feuchtes nachfüttern, damit die Tablette besser »rutscht«.

Flüssige Medikamente: Diese werden am besten mit einer Einwegspritze (ohne Kanüle) verabreicht. Man zieht die Lefzen leicht nach oben und spritzt das Medikament seitlich zwischen die Zähne ins Maul.

Homöopathie bei Hunden

Bei verschiedenen »Wehwehchen« muß durchaus nicht gleich mit »Kanonen auf Spatzen geschossen werden«. Eine Alternative zur Schulmedizin stellt auch beim Hund die Homöopathie dar. Es gibt inzwischen viele Tierärzte, die sich auf diese Art der Behandlung spezialisiert haben. Auf Seite 127 finden Sie Hinweise auf entsprechende Spezialliteratur.

TIP

Zögern Sie nicht, sofort einen Tierarzt mit Ihrem Hund aufzusuchen, wenn Sie beispielsweise Auffälligkeiten in Verhalten, Aussehen oder Bewegung des Tieres feststellen. Rechtzeitig erkannt und behandelt, lassen sich die meisten Krankheiten schnell und problemlos auskurieren.

Zu gern möchte der junge Golden Retriever hinter der Katze her auf den Baum klettern.

Der alte Hund

Eines Tages werden Sie merken, daß Ihr Hund alt wird. Wann das sein wird, hängt von verschiedenen Faktoren ab. Zum einen spielt die Haltung eine wesentliche Rolle. Hatte der Hund ausreichend Bewegung und Beschäftigung, kein Übergewicht und auch sonst eine optimale Haltung, wird man ihm sein Alter erst später anmerken als einem anderen Hund. Ein weiterer Faktor ist die Rasse. Bei manchen ist es schon ein Glück, wenn der Hund zehn Jahre alt wird, andere sind mit zwölf oder dreizehn noch relativ fit.

Das Altwerden Ihres vierbeinigen Gefährten erkennen Sie daran, daß er insgesamt ruhiger wird. Vielleicht steht er steifbeiniger auf und schläft mehr. Besonders bei Hunden mit dunklem Fell sieht man, daß sie im Gesicht grau werden. Der alternde Hund sollte zweimal im Jahr dem Tierarzt vorgestellt werden. So lassen sich altersbedingte Krankheiten rechtzeitig erkennen und behandeln.

Achten Sie jetzt auf folgendes: Viele Hunde vertragen es im Alter besser, ihr Futter auf zwei oder drei Mahlzeiten verteilt zu bekommen. Achten Sie auch darauf, die Futtermenge dem reduzierten Bewegungsbedürfnis anzupassen (→ Seite 61). Damit sich Ihr Vierbeiner nicht überanstrengt, sollten Sie statt einem langen lieber mehrere kürzere Spaziergänge täglich mit ihm machen. Sorgen Sie dafür, daß er möglichst nicht auf sehr kaltem und hartem Untergrund liegt. Auch schwüle Hitze vertragen alte Hunde oft schlecht.

Ein alter Hund kann durchaus noch Freude am Leben haben, solange seine Sinne einigermaßen funktionieren, er kein Leiden hat, das ihm Schmerzen bereitet, oder er an anderen schweren Beeinträchtigungen leidet.

Wenn seine Lebensqualität jedoch stark gemindert ist und kein Tierarzt ihm mehr helfen kann, sollte man den Hund nicht aus falschverstandener Tierliebe dahinvegetieren lassen. Da ein Tierarztbesuch für die meisten Hunde Streß bedeutet, fragen Sie Ihren Tierarzt, ob er ins Haus kommen kann, um Ihren Gefährten schmerzlos einzuschläfern. Selbstverständlich sollte sein, den Hund auf seinem letzten Weg zu begleiten und bis zum Schluß bei ihm zu bleiben.

Zucht – eine Aufgabe mit Verantwortung

Die Tierheime sind voll von unerwünschten Hunden, überwiegend Mischlingen, und jährlich kommen Zehntausende dazu.
Bei den Rassehunden dagegen werden, je größer die Nachfrage ist, in unseriösen Hundezuchtbetrieben Tausende von Welpen »produziert«, ohne daß auf sorgfältige Auswahl der Zuchttiere geachtet wird. Die Folge davon sind häufig erbkranke und verhaltensgestörte Hunde. Doch dies hat mit seriöser Hundezucht nicht das geringste zu tun.

Gedanken vor der Zucht

Seriöse Hundezucht stellt hohe Anforderungen an den Züchter, was Zeit, Geld, Fachwissen und räumliche Voraussetzungen anbelangt (→ Entwicklungsphasen des Welpen, Seite 82/83).
Selbst wenn diese Voraussetzungen erfüllt sind, ist noch lange nicht gesagt, daß auch alle Welpen gute Plätze finden werden. Bedenken Sie, daß ein Wurf aus bis zu zehn Welpen bestehen kann. Deshalb sollten bereits vor dem Zuchtvorhaben genügend sichere Interessenten mit geeigneten Voraussetzungen für die Welpen dasein.

Der Zuchthund

Zuchthunde müssen absolut gesund und vital sein und ein ausgeglichenes Wesen haben. Keinesfalls darf ein Zuchthund Eigenschaften wie Unsicherheit, Ängstlichkeit sowie angst- oder sicherheitsbedingte Schärfe in alltäglichen Situationen aufweisen. Einerseits deshalb, weil diese Eigenschaften weitervererbt werden können, aber auch, weil sich die Welpen sehr am Verhalten der Mutter orientieren und viel von ihr übernehmen.
Hinweis: Nur wenn zwei rundum gesunde, charakterlich einwandfreie Tiere gepaart werden, ist die Aussicht auf ebensolche Nachkommen am größten. Stellen Sie deshalb Ihren Hund vor der Zucht dem Tierarzt vor.

Die Zucht von Rassehunden

Wer gezielt eine bestimmte Rasse züchten will und dies schon vor der Anschaffung eines Hundes weiß, tut gut daran, sich einen Welpen aus einer anerkannten VDH/FCI-Zucht zu holen und Mitglied im entsprechenden Rassehundeverband zu werden (→ Adressen, die weiterhelfen, Seite 125). Relativ strenge

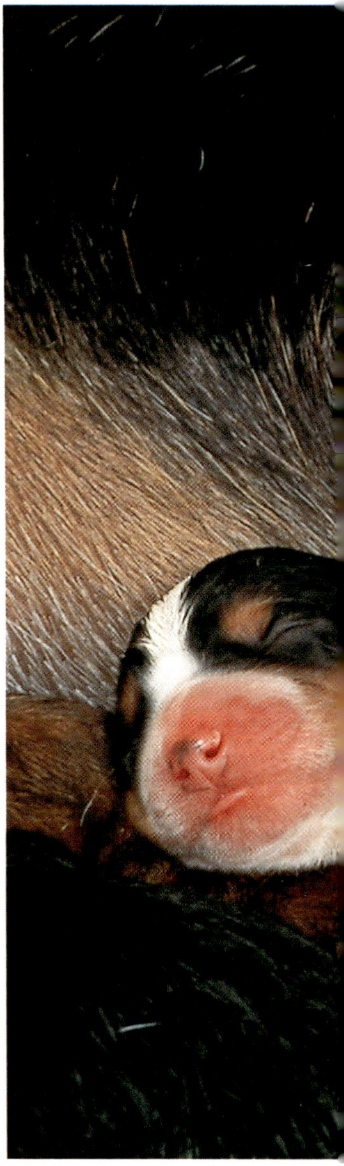

Eine Hündin muß nicht unbedingt wenigstens einmal im Leben Junge bekommen, um gesund zu bleiben.

Analkontrolle. Schon Welpen überprüfen so, wen sie vor sich haben.

Auflagen für Zuchthunde stellen hier wenigstens in einem bestimmten Rahmen sicher, daß nur wirklich gesunde, wesensfeste Tiere in die Zucht gehen. Wenn Ihr Rassehund dann im entsprechenden Alter die Zuchtzulassung erhält und Sie sich für einen Wurf entscheiden, bekommen Ihre Welpen ebenfalls VDH/FCI-Papiere.

Die Zucht von Mischlingen

Die meisten Mischlingswürfe sind mehr oder weniger ungeplant, häufig auch ungewollt. Man kann, möglichst bald nach dem Deckakt, die Trächtigkeit vom Tierarzt unterbrechen zu lassen. So erspart man den Welpen ein ungewisses Schicksal.

Wer gezielt Mischlinge züchten will, sollte auf die richtige Kombination der beteiligten Rassen achten.

Vermeiden Sie Paarungen verschiedener Rassen, die Eigenschaften wie Kampftrieb, Schärfe, ausgeprägten Wach- und Schutztrieb zeigen. Hier sind Mischlinge oft problematischer als ihre reinrassigen Artgenossen.

Das Fortpflanzungsverhalten

Hündinnen werden zweimal im Jahr läufig. Die erste Läufigkeit tritt meistens zwischen dem 6. und 9. Lebensmonat, manchmal auch später, ein.
Rüden werden etwa mit 9 Monaten geschlechtsreif und sind immer paarungsbereit.
Den Beginn der Hitze bei der Hündin erkennt man an einem blutig-wässrigem Scheidenausfluß. Beim Spazierengehen setzt sie oft Urinmarken ab, um alle Rüden zu »informieren«. Auch das Wesen von Hündinnen ändert sich bisweilen in der Läufigkeit. Sie sind oft unkonzentriert, unruhig oder auch sehr anschmiegsam.
Befruchtungsfähig sind sie etwa zwischen dem 9. und 13. Tag der Läufigkeit, manchmal auch später. Der Ausfluß wird nun klar. Jetzt bietet sich die Hündin dem Rüden an. Sie hebt den Po und legt die Rute zur Seite. Um einen Rüden zu finden, sucht die Hündin Möglichkeiten, um »auszubüchsen«. Daher auch die Bezeichnung »läufig«. Sie ist jetzt mehrere Tage deckbereit und kann durchaus von verschiedenen Rüden gedeckt werden, so daß Welpen eines Wurfes mehrere Väter haben können. Daß eine Rassehündin in einem solchen Fall nie wieder reinrassige Welpen bekommen kann, gehört allerdings ins Reich der Fabeln.
Während des Deckakts füllt sich der Schwellkörper des Rüden mit Blut, so daß sich die Hunde nicht mehr trennen können, sie »hängen«. Dieses Hängen kann wenige Sekunden, aber auch eine Stunde dauern. Der Rüde steigt dabei von der Hündin ab, und die Tiere stehen nun Hinterteil an Hinterteil. Auf keinen Fall darf man sie gewaltsam trennen. Dies kann zu schweren Verletzungen führen.
War der Deckakt erfolgreich, dauert es nun etwa 63 Tage, bis die Welpen geboren werden. Wurde die Hündin nicht gedeckt oder hat sie nicht aufgenommen, ist die Läufigkeit nach ungefähr drei Wochen beendet.

Der kleine Boxer-Welpe läßt sich mit Wonne ausgiebig kraulen.

Die Entwicklungsphasen des Welpen

1. und 2. Lebenswoche

In dieser Zeit lernt der vitale Welpe, daß eigene Anstrengungen zum Erfolg führen. Er findet das Gesäuge der Mutter, wenn er Hunger hat, und die Geschwister, wenn er Nestwärme braucht. Diese ersten Lernprozesse und der damit verbundene »Frühstreß« sind für eine gesunde Entwicklung wichtig.

3. bis 8. Lebenswoche

Der erste Abschnitt der Sozialisierungsphase dauert in etwa von der dritten bis zur achten Lebenswoche. Für den optimalen Verlauf dieser Zeit trägt der Züchter eine enorme Verantwortung. In diesen Wochen geschieht die Prägung auf Artgenossen und auf den Menschen.
Der Welpe muß in dieser Zeit viel positiven Kontakt zu vielen verschiedenen Menschen haben, um in seinem Leben ein optimales Vertrauensverhältnis zum Menschen aufbauen zu können.

8. bis 13. Lebenswoche

Der zweite Abschnitt der Sozialisierungsphase dauert etwa von der achten bis etwa zur sechzehnten Woche. In dieser Zeit bringt der Welpe eine besondere Bereitschaft mit, sich in einen sozialen Verband einzugliedern und zu lernen.
Außerdem steckt er gerade in der Entwicklung des innerartlichen Sozialverhaltens, also der Verständigung mit Artgenossen.
Für Sie als Besitzer bedeutet das, daß Sie Ihren Junior in dieser Zeit mit möglichst vielen Umwelteindrücken vertraut machen müssen. Er darf zwar nicht überfordert, aber auf keinen Fall überbehütet werden. Gewöhnen Sie ihn an verschiedene Geräusche, unterschiedliche Bodenbeläge und sonstige Geländeformen drinnen und draußen. Auch sollte er immer wieder einmal ein paar Stufen unterschiedlicher Art gehen, um sich an Treppen zu gewöhnen. Gehen Sie auch mit ihm in die Stadt, damit er sich an den Verkehr und Menschenansammlungen gewöhnt. Sorgen Sie dafür, daß er auch weiterhin viel Kontakt zu Menschen hat, und spielen Sie viel mit ihm. Auch erste Gehorsamsübungen fallen in diese Zeit (s. Erziehung). Ermöglichen Sie ihm auch viel Kontakt mit friedlichen Hunden jeden Alters, besonders aber mit Gleichaltrigen.
Wenn irgend möglich, sollten Sie in dieser Zeit Welpen- oder Prägungsspieltage besuchen – eine Art Krabbelgruppe für Hundekinder (→ Seite 110).

Mit fünf Tagen sind Welpen noch hilflos und brauchen vor allem Nestwärme.

Ein kleiner Basset-Mischling kurz nach der Geburt. Noch ist er blind und taub.

4. und 5. Lebensmonat

An diese Sozialisierungsphase kann sich eine mehr oder weniger spürbare Flegelzeit anschließen. Der Junghund hört nicht mehr so gut auf Sie und versucht immer wieder mal, bereits akzeptierte Grenzen zu ignorieren. Jetzt stellt er Sie in gewisser Weise auf die Probe, ob Sie ein geeigneter »Teamchef« sind. In dieser Zeit müssen Sie weiter konsequent und beständig in der Erziehung bleiben. Vermeiden Sie unerwünschte Erfolgserlebnisse des Hundes.

6. Lebensmonat

Mit einem halben Jahr sind die wichtigsten Entwicklungsschritte abgeschlossen. Haben Sie alles weitgehend richtig gemacht, werden Sie für Ihren vierbeinigen Freund das Wichtigste in seinem Leben sein. Er wird Sie bereitwillig respektieren. Während des zweiten Lebenshalbjahres kommt Ihr Hund in die Pubertät. Die meisten Hündinnen werden jetzt zum ersten Mal läufig, Rüden beginnen, das Bein zu heben und ihr Territorium zu markieren. In dieser Zeit kann es sein, daß der Junghund nochmals eine kleine Flegelphase durchlebt. Manche Hunde werden vorübergehend etwas vorsichtiger. Manche Hündinnen sind vor und während ihrer ersten Läufigkeit etwas konfus. Sie können sich z.B. nicht konzentrieren oder werden übermäßig anhänglich.

Erwachsen sein

Wann der Hund »richtig erwachsen« ist, hängt von seiner Rasse ab. Das Größenwachstum ist mit etwa einem Jahr abgeschlossen, das endgültige Wesen zeigt sich, wenn der Hund geschlechtsreif ist. Spätentwickler, wie etwa der Hovawart oder die Retrieverschläge, sind erst mit eineinhalb bis zwei Jahren rundherum erwachsen.

Mit zwei bis drei Wochen öffnen sich die Augen des Welpen. Mit vier Wochen unternimmt er bereits die ersten »Entdeckungsreisen«.

Verstehen lernen und beschäftigen

Die »Sprache« des Hundes zu verstehen und ihn richtig zu beschäftigen sind wichtige Bausteine für ein gutes Zusammenleben.

Vom Wesen und Verhalten des Hundes

Für den Hund ist der Mensch im Lauf der Jahrtausende zum wichtigsten Sozialpartner geworden. Doch um seinen Vierbeiner richtig zu verstehen und ein harmonisches Zusammenleben zu erreichen, muß man über seine Fähigkeiten, Wesen und Verhaltensweisen gut Bescheid wissen.

Die Sinnesleistungen

■ Der Geruchssinn

Der Hund erfaßt seine Welt hauptsächlich über die verschiedensten Gerüche. Im Gegensatz zum Menschen hat der Hund einen etwa 500mal besseren Geruchssinn. Dieser ist zwar je nach Rasse unterschiedlich ausgeprägt, aber sogar die Sichtjäger unter den Hunden, die Windhunde, sind uns darin haushoch überlegen. Speziell ausgebildete Suchhunde sind z.B. in der Lage, Menschen zu orten, die sich mehrere Meter unter Wasser befinden, oder Lecks in Ölpipelines aufzuspüren.

■ Das Sehen

Das Sehvermögen ist beim

Wie beweglich der Hund ist, kann man hier sehen. Mühelos kratzt er sich mit den Hinterpfoten am Kopf.

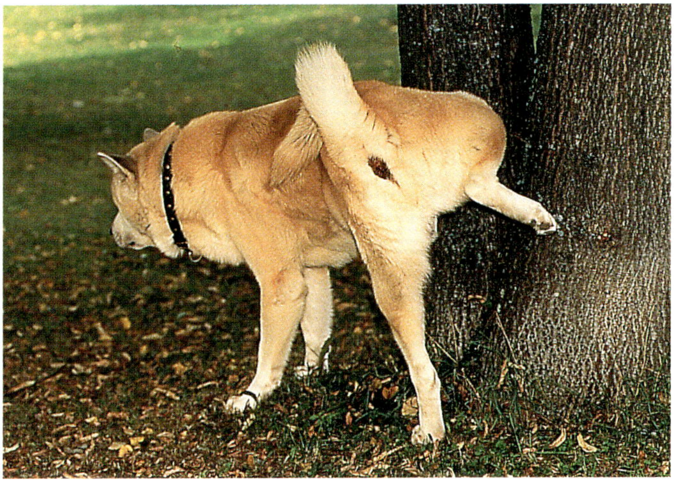

Der Rüde markiert den Baumstamm mit Urin. Daraus können Artgenossen viele Informationen entnehmen.

Hund nicht so gut ausgeprägt. Hunde sind weitgehend farbenblind, sehen dafür aber in der Dämmerung wesentlich besser als wir. Auch nehmen sie kleinste Bewegungen wahr. Das Sehfeld ist je nach Rasse unterschiedlich. Hunde mit länglichem Kopf sehen sowohl zur Seite als auch nach hinten. Aber die Sehschärfe im Nahbereich ist nur gering. Hunde mit rundem Kopf sehen dagegen mehr nach vorne und auch schärfer. Zur Seite und nach hinten können sie nicht gut sehen.

■ **Das Gehör**

Hunde hören wesentlich besser als wir. Sie nehmen Töne wahr, die wir nicht mehr hören, und können sie auch besser unterscheiden. Spezielle Muskeln, mit denen der Hund die Stellung seiner Ohren verändern kann, helfen ihm dabei. Er kann bekannte Personen am Schritt und sogar bekannte Autos am Geräusch unterscheiden. Die Frequenz, die der Hund noch wahrnimmt, liegt bei etwa 40000 Hertz. Wir schaffen nur die Hälfte.

■ **Tast- und Geschmackssinn**

Hunde haben zwar, ähnlich wie Katzen, Tasthaare über den Augen und am Fang. Sie sind für den Hund jedoch bei weitem nicht so bedeutend wie für die Katze.

Tast- und Geschmackssinn des Hundes können am ehesten mit denen des Menschen verglichen werden. So gibt es, wie bei uns, mehr und weniger schmerzempfindliche Hunde. Was das Futter betrifft, entwickeln auch Hunde die unterschiedlichsten Vorlieben und Abneigungen.

Das besondere Wesen des Hundes

Nahezu alle Wildcaniden leben in kleineren oder größeren Familienverbänden, die man Rudel nennt, zusammen. Damit sie überleben können, sind klare Regeln für das Zusammenleben sowie ein fähiges Leittier notwendig. Jedes Rudelmitglied weiß, wo sein Platz ist und welche Aufgabe es innerhalb des Verbandes zu erfüllen hat. Der eine kennt z. B. besonders erfolgreiche Jagdstrategien, ein anderer ist dagegen für das »Babysitten« zuständig. So fühlt sich jeder im Rudel sicher und geborgen. Ständige Auseinandersetzungen würden unnötig viel Energie kosten und könnten so das Überleben des Rudels gefährden. Da der Ahn unseres Hundes der Wolf ist, ist auch er auf ein Leben in einem solchen Verband angewiesen.

Die Familie oder auch eine Einzelperson, mit der der Hund zusammenlebt, ist sozusagen sein menschliches Ersatzrudel. Um sich darin geborgen zu fühlen, braucht er viel Zuwendung, engen Kontakt zu allen »Rudelmitgliedern« und, wie die wilden Ahnen, ebenfalls klare Regeln für das Zusammenleben.

Von klein auf muß der Hund wissen, was von ihm erwartet wird, was er darf und was nicht. So vermittelt ihm »sein« Mensch Vertrauen und Sicherheit. Ausnahmen von diesen Regeln sind für den Hund nicht etwa besondere Belohnungen, sondern sie verunsichern ihn. Bei entsprechendem Verhalten seinerseits wird der Mensch von seinem Vierbeiner als eine Art Rudelführer akzeptiert. Das Beson-

Körpersprache des Hundes. Zeichnung 1: Selbstsicherer, imponierender Hund.

Zeichnung 2: Aggressiver, drohender Hund.

Zeichnung 3: Diese Haltung demonstriert Abwehr und Angstdrohen.

Zeichnung 4: Dieser Hund verhält sich demütig und ängstlich.

dere am Hund ist dabei, daß bei richtiger Haltung für ihn der Mensch Mittelpunkt seines Lebens ist. Dies ist bei keinem anderen Tier in dieser Intensität der Fall.

Hunde untereinander

Hunde untereinander verständigen sich mittels ihrer Körpersprache, ihrer Mimik sowie durch akustische und olfaktorische (geruchliche) Signale. Allerdings ist besonders die Mimik im Vergleich zum Wolf beim Hund wesentlich undifferenzierter.

■ Die Körpersprache

Durch die Haltung der Rute, die Stellung der Ohren, das Sträuben der Rücken- und Schwanzhaare sowie verschiedene Gesichtsausdrücke und Körperhaltungen signalisiert der Hund seine Stimmung. Von der Kombination dieser einzelnen Ausdrucksmöglichkeiten hängt der Sinn der übermittelten Botschaft ab (→ Zeichnungen 1 bis 4).

■ Die Lautsprache

Der Hund verfügt über verschiedene Laute. Das Bellen kann Aufforderung, Unsicherheit oder Warnung sein. Knurren bedeutet eine ernste Drohung; im Spiel deutet es auf einen gewissen Kampftrieb hin.

Jaulen, Schreien und Winseln drücken Unbehagen und Schmerz aus. Das Heulen dient beim Wolf zur Kontaktaufnahme mit Artgenossen. Auch unter den Hunden kön-

Im Spiel mit der Mutter lernt ein Welpe wichtige Verhaltensregeln.

nen das manche noch. Haushunde heulen in der Regel aus Einsamkeit.

Die geruchliche Verständigung

Dem individuellen Geruch, den der Hund durch das Markieren auch zum Abgrenzen seines Reviers benutzt, können Artgenossen bestimmte Informationen entnehmen.

Durch verschiedene angezüchtete Merkmale sind viele Hunde nicht mehr in der Lage, ihrem Artgenossen wirklich das zu übermitteln, was sie wollen. Kupierte Ruten lassen sich als Verständigungsmittel nur sehr begrenzt einsetzen, übermäßig langes Fell läßt sich nicht sträuben, Hängeohren können bei weitem nicht so viel aussagen wie etwa Stehohren. Manchen Hunderassen wurde eine bestimmte Körperhaltung angezüchtet, die nicht immer mit der wirklichen Stimmung des Hundes übereinstimmt. So wirken viele Windhunde durch den eingeklemmten Schwanz unterwürfig und un-

Sind Wölfe böse?

Du weißt ja nun, daß der Hund vom Wolf abstammt.
Oft wird behauptet, Wölfe seien böse. Doch das stimmt nicht. Wölfe sind sehr vorsichtige Tiere. Sie weichen Menschen und Dingen, die sie nicht kennen, lieber aus. Gefährlich wird ein Wolf aber, wenn man ihn unbedingt als Haustier halten möchte. Er bleibt eben ein echtes Wildtier, auch wenn man ihn schon als kleinen Welpen bekommt.
Ein Wolf wird nie so anhänglich wie ein Hund. Wölfe finden sich in einer Wohnung oder in der Stadt nicht zurecht.

sicher, Beagles dagegen durch die erhobene Rute immer sehr selbstbewußt. Dem Rhodesian Ridgeback z. B. wurden gesträubte Rückenhaare angezüchtet. Da kann es dann schon einmal zu Mißverständnissen unter unseren Vierbeinern kommen. Deshalb ist es sehr wichtig, daß bereits der Welpe im Spiel mit Gleichaltrigen das innerartliche Sozialverhalten lernt (→ Welpenspieltage und Ausbildungskurse, Seite 110).

Die Verständigung zwischen Mensch und Hund

Durch die Domestikation und das jahrtausendelange Zusammenleben mit dem Mensch hat der Hund differenzierte Fähigkeiten entwickelt, um sich mit »seinem Sozialpartner« zu verständigen.

■ Ein Hund reagiert z. B. sehr gut auf verschiedene Stimmlagen, unterschiedliche Lautstärke und den Tonfall des Menschen. Auch unsere Körpersprache weiß der Vierbeiner gut zu deuten. Im Lauf seiner Entwicklung lernt der Hund dann, den Zusammenhang bestimmter Kombinationen aus diesen einzelnen Signalen mit den darauf folgenden Handlungen zu erkennen. Der Hund ist dabei auch in der Lage, feinste Nuancen in unserer Mimik und Körperhaltung zu deuten, die uns gar nicht bewußt sind.

■ Sicher ist, daß der Hund den unterschiedlichen Gerüchen, die der Mensch in den verschiedensten Situationen abgibt, einiges an Informationen entnehmen kann. Da wir das aber nicht annähernd nachvollziehen können, ist nicht genau bekannt, welche Rolle die geruchliche Information bei der Verständigung zwischen Mensch und Hund spielt.

■ Seine Stimmungen teilt uns der Hund durch optische und akustische Signale mit. Dabei nimmt die Körpersprache einen großen Teil der Verständigungsmöglichkeiten ein. Mimik, Ohrenhaltung sowie die Stellung der Rute und der Rückenhaare übermitteln, was der Hund empfindet.

■ Durch den engen Kontakt, der zwischen Mensch und Hund entstehen kann, neigt man häufig dazu, den Hund zu vermenschlichen. Dies führt leider immer wieder zu Mißverständnissen.

So kann der Hund nicht zwischen Gut und Böse in unserem Sinn unterscheiden. Er

hat auch kein Gewissen im menschlichen Sinn. Was wir oft als »schlechtes Gewissen« deuten, ist die Angst vor einer – dem Hund unverständlichen – Bestrafung.
Häufig ist es auch ein Unterwürfigkeits- und Beschwichtigungsverhalten, das wir durch entsprechende Signale beim Hund auslösen.
Ein typischer Fall: Ein Hund wird bestraft, weil er erst auf mehrmaliges Rufen kam. In Zukunft zeigt der Hund, wenn er kommt, ein unsicheres, unterwürfiges Verhalten aus Angst vor der Strafe, das vermeintliche »schlechte Gewissen«. Diese Strafe verbindet er jedoch nicht mit dem Zuspätkommen, sondern mit dem Kommen an sich.
■ Unser Vierbeiner lernt grundsätzlich dadurch, daß er Verhaltensweisen, die mit einem positiven Reiz verbunden sind, gerne wiederholt. Solche, die mit einem negativen Reiz verbunden sind oder unbeantwortet bleiben, wird er dagegen vermeiden. Deshalb ist es ganz wichtig, Lob und Tadel während bzw. unmittelbar im Anschluß an das jeweilige Verhalten anzuwenden (→ Hundeerziehung mit Herz und Verstand, Seite 98 bis 105).

Frisch geschnittenes Gras. Ein Duft, den viele Hunde besonders gern mögen.

Wie sieht der Hund den Menschen?

Heutzutage ist der Mensch häufig für den Hund sogar wichtiger als jeder Artgenosse. Ein Hund kann aber sehr deutlich zwischen Mensch und Hund unterscheiden. Er sieht also im Menschen keinen Artgenossen im engeren Sinn. Fraglich ist z. B. auch, ob ein Kind vom Hund als eine Art Welpe angesehen wird.
Selbst ein Hund, der von Anfang an von Menschen aufgezogen wurde, wird später einen anderen Hund als Artgenossen erkennen. Er wird also nicht unumkehrbar geprägt, wie es z. B. bei Gänsen geschieht.
Für eine Gans ist das erste sich bewegende Objekt nach dem

Kein Wunder also, daß sich der Hund mit dem Wohlgeruch von »Kopf bis Fuß« einreibt.

TIP

Bemühen Sie sich, Ihren Vierbeiner von klein auf als Hund zu sehen. Die Vermenschlichung des Hundes ist die häufigste Ursache vieler Mißverständnisse zwischen Zwei- und Vierbeiner. Viele Hundebesitzer denken z. B., sie unterdrükken den Hund, wenn sie ihn erziehen. Doch das Gegenteil ist der Fall.

Schlüpfen ein Artgenosse. Obwohl der Hund zwischen Mensch und Artgenosse unterscheiden kann, können bestimmte Regeln des Zusammenlebens im Canidenrudel auf das Zusammenleben mit dem Menschen übertragen werden. Was aber der Hund im Menschen genau sieht, wird sich wohl nie bis ins letzte Detail ergründen lassen.

Übrigens schließt sich der Hund nicht dem Menschen am engsten an, der ihn am meisten verhätschelt und tun läßt, was er will. Der Hund vertraut eher demjenigen, der ihm ein artgerechtes Leben bietet und der sich als überzeugender »Rudelführer« erweist.

So sieht der Mensch den Hund

Im Zusammenleben mit dem Mensch muß der Hund den unterschiedlichsten Ansprüchen dienen. So ist er für viele Menschen Kind- und Partnerersatz und wird oft viel zu sehr vermenschlicht. Andere sehen in ihrem Vierbeiner lediglich ein »Sportgerät«, welches man bei Bedarf vom Zwinger auf den Übungsplatz verfrachtet und anschließend wieder »wegräumt«. Viele Hunde führen ein Dasein als Prestige- und Dekorationsobjekt, werden von Ausstellung zu Ausstellung geschleppt, endlos gebürstet und gepudert. Nicht zu vergessen sind auch die Hunde, die als »lebende Alarmanlagen« ein tristes Dasein an der Kette oder eingesperrt in Zwingern fristen.

In den letzten Jahren hat die Verhaltensforschung immer wieder neue Erkenntnisse über die Lebens- und Verhaltensweisen der Caniden gewonnen. Heute weiß man deshalb, wie ein Hund artgerecht gehalten und beschäftigt werden sollte. Glücklicherweise gibt es zunehmend mehr Hundebesitzer, die sich bemühen, ihren Vierbeiner seinen Ansprüchen gemäß zu halten.

Richtiges Eingewöhnen

Bereits die ersten Stunden des Zusammenseins tragen mit dazu bei, ob die Beziehung zwischen Mensch und Hund in Zukunft harmonisch oder eher problematisch verläuft.

Der Heimtransport

Es ist soweit. Der Welpe wird in sein neues Zuhause geholt. In den meisten Fällen geschieht dies per Auto. Damit sich einer auf das Fahren und einer auf den Hund konzentrieren kann, sollte man immer zu zweit sein. Die spätere Hauptbezugsperson des Vierbeiners sollte sich schon während der Fahrt um ihn kümmern. Am besten nimmt man den Kleinen während der Fahrt auf den Schoß. Größere Welpen haben im Fußraum des Beifahrers den besten Platz. Nehmen Sie genügend Küchenkrepp oder Ähnliches für etwaige »Malheurs« mit. Auch eine Schüssel und eine Flasche Wasser sollten Sie dabeihaben. Einige Stunden vor der Heimfahrt sollte der Welpe nicht mehr gefüttert werden, damit er sich möglichst nicht erbricht.

Je länger die Heimfahrt dauert, um so mehr Pausen muß man einlegen, damit die Fahrt dem Welpen nicht zuviel wird. Halten Sie den Welpen in den Pausen an der Leine, damit er nicht wegläuft. Wohnen Züchter und Käufer weit auseinander, aber in der Nähe eines Flughafens, bietet sich das Flugzeug als bestes Transportmittel an. Auch in der Bahn kann man einen Welpen transportieren. Erkundigen Sie sich bei Fluggesellschaft und Bahn rechtzeitig nach den Formalitäten.

Auf keinen Fall sollte der Welpe ohne Begleitung verschickt oder im Kofferraum transportiert werden!

Die ersten Stunden

Zu Hause angekommen, darf sich der kleine Vierbeiner in Ruhe im neuen Heim umschauen. Zeigen Sie ihm seinen Schlafplatz, seine Spielsachen und den Platz, wo er in Zukunft gefüttert wird. Wenn er »muß«, bringen Sie ihn gleich an die Stelle, die Sie für diesen Zweck ausgesucht haben. Die meisten Hunde suchen sich ihre Plätze, auf denen sie tagsüber ihre Schläfchen halten, mit der Zeit selbst aus. Das eigentliche Hundebett für die Nacht sollte sich aber in der Nähe der Schlafräume der Familienmitglieder befinden. Als soziales Wesen

Welpen sind neugierig. Sie nehmen von sich aus Kontakt zu »ihren« Menschen auf.

schläft der Hund nicht gern abseits des »Rudels«, schon gar nicht der Welpe. Zuerst sollte der Neuankömmling nur die Mitglieder seiner neuen Familie kennenlernen. Bekannte und Verwandte müssen sich noch einige Tage gedulden. Aber auch die Familienmitglieder dürfen den Welpen nicht bedrängen. Er wird von sich aus mit allen Kontakt aufnehmen. Um dem jungen Hund die Eingewöhnung und den Trennungsschmerz von Mutter und Geschwistern zu erleichtern, ist es empfehlenswert, dem Züchter einige Tage vor dem Abholen ein altes Handtuch zu geben. Dies legt man in das Schlaflager von Hündin und Welpen. Zu Hause hat der Kleine dann noch einige Zeit den vertrauten Geruch von Mutter und Geschwistern im Bettchen. Anfangs schläft ein Welpe sehr viel. Er darf dann nicht gestört werden.

Was Hunde mögen und was sie fürchten

Das mögen Hunde:	**Das fürchten Hunde:**
● Mit der Hand in Fellrichtung über Kopf und Rücken gestreichelt werden.	● Ohne Vorbereitung von oben oder hinten angefaßt werden.
● Mit »seinem« Menschen etwas unternehmen.	● Nervöses Gerubbel gegen den »Strich« (Wuchsrichtung des Fells).
● Das Kraulen hinter den Ohren.	● Im Schlaf erschreckt werden.
● Möglichst wenig allein sein.	● Wenn man ihm direkt in die Augen starrt.
● Spielen und rassegerechte Beschäftigung.	● Laute Geräusche in unmittelbarer Nähe (z. B. Feuerwerkskörper, Kinderpistolen).
● Einen geregelten Tagesablauf.	● Viel allein sein.

TIP

Vermeiden Sie eine Überbehütung des Welpen. Fordern Sie ihn, und gewöhnen Sie ihn an seine Umwelt. Nehmen Sie aber Rücksicht auf die Ruhephasen des Welpen. Überfordern Sie ihn nicht z. B. bei den ersten Erziehungsübungen.

So nimmt man einen Welpen richtig hoch.

So wird der Welpe stubenrein

Je besser Sie Ihren Welpen beobachten, um so schneller wird er stubenrein sein. Beginnt er unruhig zu suchen oder sich im Kreis zu drehen, »muß« er. Bringen Sie ihn grundsätzlich immer dann hinaus, wenn er aufwacht, nachdem er gefressen hat und während er spielt. Loben Sie ihn ausgiebig, wenn er sich gelöst hat. Passiert in der Wohnung ein Malheur und Sie erwischen ihn auf frischer Tat, sagen Sie streng »pfui« oder »nein« und bringen ihn hinaus. Entdecken Sie eine Pfütze oder ein Häufchen erst später, entfernen Sie es ohne Kommentar. Desinfizieren Sie die Stelle gründlich, damit den Welpen kein Geruch wieder an diese Stelle zieht. Schränken Sie nachts den Aktionsradius des Welpen ein, indem Sie einen kleinen Bereich um seinen Schlafplatz abtrennen oder einzäunen. So wird er sich melden, wenn er »muß«, und sich keinen Platz in der Wohnung dafür suchen.

Erziehung von Anfang an

Früher, zum Teil leider auch noch heute, ging man davon aus, daß in der Entwicklung eines Hundes die Welpenzeit relativ unwichtig ist und der Welpe sowieso noch nicht lernen und begreifen kann.

Heute weiß man aus umfangreichen Beobachtungen von Verhaltensforschern an Hunden und Wölfen, daß genau das Gegenteil der Fall ist.

In der Natur ist es wichtig, daß sich junge Wildcaniden möglichst bald und unauslöschlich alles zum Überleben Notwendige einprägen. Dies geschieht durch verschiedene, zeitlich begrenzte Entwicklungsphasen.

Genauso ist es auch beim Haushund. Auch seine Entwicklung ist in verschiedene Phasen eingeteilt, in denen das Gehirn jeweils für eine begrenzte Zeit für bestimmte Reize empfänglich ist. Alles, was der Welpe in diesen Phasen positiv wie negativ erlebt, prägt sich nahezu unauslöschlich in sein Gehirn ein und wirkt sich auf sein ganzes Leben aus.

Versäumtes läßt sich oft nur schwer oder gar nicht aufholen. Ein Welpe hat außerdem eine sehr große Lernbereitschaft, die man für die Erziehung herrlich nutzen kann (→ Die Entwicklungsphasen des Welpen, Seite 82/83)

Hundeerziehung mit Herz und Verstand

Eine sorgfältige Grunderziehung nach art- und rassegerechten Gesichtspunkten ist ein Muß für jeden Hund. So vermeidet man, daß der Hund sich selbst und andere gefährdet oder jemanden belästigt. Ein gut erzogener Hund hat außerdem mehr Freiheiten, denn er ist auch ohne Leine unter Kontrolle zu halten, und man kann ihn fast überallhin mitnehmen.

So werden Sie und Ihr Hund ein Team

Mensch und Hund ein Team – das ist das Ziel einer optimalen, artgerechten Haltung. In einem solchen Team erkennt der Hund »seinen« Menschen vertrauensvoll als Autorität an und ordnet sich bereitwillig unter. Er gehorcht nicht aus Angst, sondern aus Vertrauen und aus Freude am gemeinsamen Tun. Der Weg dorthin führt über eine sanfte, aber konsequente Erziehung und viel Zuwendung. Sanft darf nicht mit antiautoritär verwechselt werden. Eine antiautoritäre Erziehung ist beim Hund fehl am Platz, da er sehr genaue Regeln für das Zusammenleben braucht, um sich wohl zu fühlen.

Daß der Hund nicht der »Boß« ist, müssen Sie ihm bereits als Junior durch sogenannte indirekte Rangeinweisungen deutlich machen.

Indirekte Rangeinweisungen bedeuten z. B., daß Couch, Sessel, Eckbank, Bett usw. für den Hund tabu sind. Solche »erhöhten Liegeplätze« sind ranghöheren Rudelmitgliedern vorbehalten. Fallen Mahlzeiten des Hundes mit der Essenszeit der Familie

Die Übung »Sitz und Bleib« gehört schon zur fortgeschrittenen Erziehung.

»Platz und Bleib«. Der Hund muß so lange liegen bleiben, bis er wieder abgeholt wird.

zusammen, ißt zuerst die Familie. Anschließend wird der Hund gefüttert. Und beim Verlassen des Hauses geht zuerst der Mensch und dann der Hund durch die Tür. Legen Sie Ihren Hund von klein auf ab und zu in neutralen Situationen auf den Rücken, ohne dabei grob zu sein (→ Zeichnung 3, Seite 103). Wenn sich der Welpe wehrt, sollten Sie ihn so lange festhalten, bis er nachgibt. So fördern Sie die Unterordnungsbereitschaft. Wer einen erwachsenen Hund übernimmt, sollte dies erst dann versuchen, wenn der Hund eine enge Bindung zu seinem neuen Besitzer aufgebaut hat. Ein weiterer wichtiger Faktor für eine intakte Mensch-Hund-Beziehung ist das gemeinsame Tun. Dazu gehört z. B. das Spielen mit dem Hund.

Richtig loben und tadeln

Das Loben ist sehr wichtig bei der Hundeerziehung. Der Hund wird immer gelobt, wenn er ein erwünschtes Verhalten gezeigt hat.

Richtig loben Sie Ihren Hund durch einen Leckerbissen, durch ausgiebiges Knuddeln und Streicheln und natürlich mit Ihrer Stimme. Dabei soll man dem Hund auch anmerken, daß er sich freut. Bei der Arbeit mit Leckerbissen ist es wichtig für den Erfolg, daß der Hund Hunger hat. Füttern Sie ihn also eine Zeitlang vor dem Üben nicht. Eine Form der Belohnung ist auch das gemeinsame Spiel während des Übens.

Achten Sie darauf, daß Sie den Hund nicht unbewußt für nicht erwünschtes Verhalten loben. Kläfft er z. B. jemanden an, darf man ihn nicht beruhigend streicheln und sagen, daß schon alles in Ordnung ist. Denn dies würde er als Lob für sein Verhalten auffassen (→ Zeichnung 1, Seite 102).

Manchmal muß der Hund auch diszipliniert werden.

Artgerechtes Tadeln wenden Sie mit dem Dominanzgriff an. Dabei fassen Sie mit der Hand von oben über die Schnauze des Hundes. Auch das Festhalten am Nackenfell sowie in schweren Fällen den Hund rasch auf den Rücken zu legen sind artgerechte Tadelmaßnahmen. Zusätzlich setzt man die Stimme mit einem scharfen »Pfui« oder »Nein« ein (→ Zeichnung 1, Seite 102).

Unverständlich für den Hund ist es, zur Strafe nichts zu fressen zu bekommen oder irgendwo eingesperrt zu werden. Und denken Sie daran: Lob und Tadel müssen immer direkt dem jeweiligen Verhalten folgen.

Verstehen Hunde unsere Sprache?

Hunde können nicht den Sinn der Wörter unserer Sprache verstehen. Sie erkennen aber am Klang der Stimme, an Höhe und Tiefe der Stimme und an der Lautstärke, was »ihr« Mensch von ihnen erwartet. Probiere dies einmal ganz bewußt aus. Vielleicht versteht dein Hund das Kommando »Platz«. Sagst du dieses Wort, legt er sich hin. Wenn du aber ein ähnliches Wort wie etwa »Latz« rufst, legt sich dein Hund ebenfalls hin. Weil der Hund den Sinn eines Wortes nicht verstehen kann, könntest du ihn auch auf ein ganz anderes Kommando hin trainieren. Er würde sich auch bei dem Wort »Hallo« hinlegen, wenn man das Hinlegen von Anfang an so mit ihm geübt hätte.

Spaziergänge mit einem Welpen sollten nicht länger als 15 Minuten dauern, damit seine Gelenke und Bänder geschont werden.

Das lernt schon der Welpe

Zeitgemäße Hundeerziehung beginnt mit der »positiven Konditionierung«. Das bedeutet, man erreicht das erwünschte Verhalten dadurch, daß man Situationen so gestaltet, daß der Hund freiwillig und ohne Zwang tut, was man von ihm will. So erfährt er den Gehorsam als etwas Positives.

Seinen Namen: Nennen Sie den Namen Ihres Welpen immer in Verbindung mit etwas Positivem, also z. B. während Sie ihn streicheln.

Gemeinsames Spielen: Fordern Sie den Welpen auch von sich aus zum Spielen auf. Gehen Sie andererseits nicht auf jede seiner Aufforderungen ein. Sie bestimmen auch, wann die Spielstunde zu Ende ist, außer der Welpe wird vorher schon müde. Die Beißhemmung gegenüber dem Menschen lernt er dadurch, daß Sie ihm nie erlauben, zu zwicken oder in die Kleidung zu beißen. Sehr positiv wirkt sich die Teilnahme an Welpenspieltagen aus (→ Seite 110).

Das Herankommen: Das ist die wichtigste aller Übungen. Überlegen Sie sich ein bestimmtes Kommando, z. B. »Hier«. Oder verwenden Sie eine Hundepfeife aus Horn und entscheiden Sie sich für einen bestimmten Pfiff. Während das Futter für den Welpen zubereitet wird, wird er in einem anderen Raum von einer weiteren Person festgehalten. Ist die Mahlzeit fertig, rufen Sie den Hund mit Namen und Kommando bzw. Pfiff. Der Welpe wird nun, so schnell er kann, zu Ihnen kommen, um die begehrte Mahlzeit zu bekommen. Üben Sie das Herankommen in den ersten Wochen ausschließlich

in Verbindung mit dem Füttern, nicht beim Spaziergang.
Spaziergänge: Lassen Sie den Welpen bei Ihren kleinen Spaziergängen wo immer es geht, frei laufen, sobald er sich nach ein paar Tagen eingewöhnt hat. Wollen Sie, daß er zu Ihnen kommt, rufen Sie ihn einmal beim Namen, so daß er es hört. Kommt er nicht sofort, drehen Sie sich um und gehen in die entgegengesetzte Richtung oder verstecken Sie sich z. B. hinter einem Busch. Ein Welpe weiß instinktiv, daß er allein verloren ist, und wird schnell Anschluß suchen. Bei Ihnen angekommen, loben Sie ihn.
Sitz: Halten Sie einen Leckerbissen über den Kopf des Hundes und warten Sie, bis er sich von selbst hinsetzt. Sitzt er, wiederholen Sie nun einige Male das Kommando »Sitz« und geben dem Hund die Belohnung. Kraulen Sie ihm, während er sitzt, die Brust. Das Loben nicht vergessen!
Platz: Sobald der Welpe das »Sitz« kann, lernt er das »Platz«. Lassen Sie ihn sitzen und hocken Sie sich neben ihn. Führen Sie nun einen Leckerbissen von der Hundenase langsam gerade nach unten und dann nach vorne.

1 Artgerechtes Tadeln. Der Hund wird am Nackenfell gepackt.

2 Leckerbissen sind positive Reize fürs Lernen.

3 So wird die Unterordnungsbereitschaft gefördert.

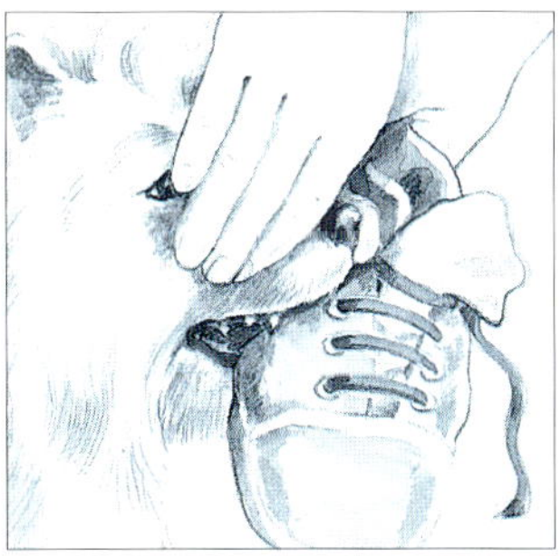

4 Beim Anwenden des Dominanzgriffs läßt der Hund fallen, was er im Fang hält.

Probieren Sie es so lange (nicht unbedingt am Stück), bis der Welpe sich von allein hinlegt. Wenn er das macht, geben Sie ihm die Belohnung und nennen einige Male das Kommando, während Sie ihm dabei über den gesamten Rükken streicheln.

Die Leinenführigkeit: Auf das Kommando »Bei Fuß« soll der Hund an der lockeren Leine, die Schulter etwa auf Höhe Ihres Knies, mit Ihnen gehen. Normalerweise wird der Hund links geführt. In diesem Fall nehmen Sie die Leine so in die rechte Hand, daß sie ein wenig durchhängt. In der linken Hand halten Sie in Kniehöhe einen Leckerbissen, den Sie dem Hund vorher zeigen. Nennen Sie nun das Kommando und gehen Sie mit dem Hund, während er an dem Leckerbissen leckt und knabbert. Wiederholen Sie das Kommando immer wieder. Beenden Sie die Übung nach wenigen Metern.

Das Auslassen: Zu seiner eigenen Sicherheit, aber auch als Zeichen der Unterwerfung, muß der Hund sich jederzeit alles aus dem Fang nehmen lassen. Nehmen Sie ihm deshalb hin und wieder ein Spielzeug oder einen Knochen weg. Verbinden Sie dies mit dem Kommando »Aus«. Wehrt sich der Hund, wenden Sie den schon beschriebenen Dominanzgriff an und drücken dabei mit den Fingern gegen die Fangzähne. Läßt derHund aus, bekommt er sein Spielzeug zurück (→ Zeichnung 4).

So geht es weiter

Mit vier bis fünf Monaten kann der Hund etwas schwierigere Dinge lernen.

Das Alleinbleiben: Gewöhnen Sie den Hund langsam und schrittweise daran. Beginnen Sie mit einer Abwesenheit von nur wenigen Minuten zu einer Zeit, in der der Hund

weniger aktiv ist. Erst allmählich wird die Zeitspanne ausgedehnt. Geben Sie dem Hund einen Büffelhautknochen oder ähnliches, damit er sich notfalls beschäftigen kann. Üben Sie das Alleinbleiben keinesfalls früher mit einem Welpen. Bei sehr jungen Tieren kann dies zu schweren Verlassensängsten führen.

Bleib: Der Hund soll lernen, allein an einer bestimmten Stelle sitzen oder liegen zu bleiben. Beginnen Sie erst dann, wenn der Hund zuverlässig Sitz und Platz kann. Nun lassen Sie den angeleinten Hund neben sich sitzen, sagen zu ihm »Sitz und bleib« und stellen sich unmittelbar vor den Hund (→ Fotos, Seite 98/99). Die Leine behalten Sie in der Hand. Achten Sie darauf, daß sie locker durchhängt. Funktioniert das, beginnen Sie, sich langsam vor dem Hund hin und her zu

Ein Hund sollte häufig Gelegenheit bekommen, mit Artgenossen zusammenzutreffen.

Grundregeln für die Erziehung

- Oberstes Gebot ist Konsequenz.
- Alle Familienmitglieder müssen sich einig sein, was der Hund darf und was nicht.
- Ein erteiltes Kommando muß auch befolgt werden.
- Nutzen Sie Ihre verschiedenen Stimmlagen.
- Trainieren Sie Ihren Hund auf leise Kommandos.
- Lassen Sie den Hund die Kommandos immer gleich exakt ausführen.
- Arbeiten Sie nicht mit dem Hund, wenn Sie wütend sind.
- Heben Sie ein erteiltes Kommando immer auch wieder auf, damit der Hund weiß, wie lange er sitzen, liegen usw. bleiben muß. Schließen Sie also ein anderes Kommando an oder entlassen Sie ihn mit einem bestimmten Hörzeichen in die »Freiheit«.
- Geben Sie klare Kommandos, indem Sie nur das Hörzeichen und den Namen sagen.
- Setzen Sie Belohnungshäppchen gezielt ein. Der Hund bekommt nur für erwünschtes Verhalten und genau ausgeführte Übungen etwas.
- Beginnen und beenden Sie das Training mit einer Übung, die der Hund gut kann. Machen Sie keine gelungene Übung öfter als zweimal nacheinander.
- Üben Sie mit dem Welpen etwa drei mal fünf Minuten täglich, mit dem älteren Hund den steigenden Anforderungen entsprechend länger.

bewegen. Mit der Zeit vergrößern Sie die Entfernung vom Hund und die Dauer der Übung. Gehen Sie immer dann zum Hund zurück, bevor er unruhig wird und womöglich aufsteht. Die Leine behält man so lange in der Hand, bis die Übung bei maximalem Leinenlängenabstand zuverlässig klappt. Verläßt der Hund die Stelle, an die man ihn gesetzt hat, muß er sofort korrigiert werden. Die Übung »Platz und bleib« funktioniert genauso, nur daß der Hund dabei im »Platz« liegt.

Der erwachsene Hund

Hat man versäumt, den Hund von klein auf zu erziehen, beginnt das Training wie mit einem Welpen. Ein erwachsener Hund kann sich allerdings länger konzentrieren. Manchen älteren Hunden muß man zusätzlich zu den Leckerbissen mit Korrekturgriffen ein wenig nachhelfen. Beim Sitzen kann man z. B. zur Unterstützung das Hinterteil sanft nach unten drücken. Beim Platz zieht man die Vorderläufe nach vorne. Wenn der Hund an der Leine zur Seite zieht, befördert man ihn mit einem energischen Leinenruck an die richtige Stelle.

Beschäftigung hält Geist und Körper fit

Die meisten Hunde sind mit Feuereifer bei der Sache, wenn's um Beschäftigung und Spielen geht. Kein Wunder, denn so kommt Langeweile erst gar nicht auf.

Spielregeln

Das gemeinsame Spielen ist für eine gesunde körperliche und psychische Entwicklung des Hundes sehr wichtig. Alle Muskelgruppen werden beansprucht und die inneren Organe trainiert. Dadurch, daß überwiegend Sie bestimmen, wann, wie lange und nach welchen Regeln gespielt wird, lernt der Hund, Ihre Autorität anzuerkennen. Außerdem bietet das Spielen dem Hund viele Möglichkeiten zu lernen. Hunde lieben Zieh-, Lauf-, Bring- und Versteckspiele. Spielgegenstände gibt es in großer Auswahl im Fachhandel. Spielen können Sie im Haus, im Garten und auch während des Spaziergangs.

Beachten Sie beim Spielen folgendes:

- Welpen nicht körperlich überfordern. Keine Spiele auf glattem Boden oder auf Treppen usw.
- Bei dominanten Hunden Zieh- und Kampfspiele vermeiden oder zumindest so gestalten, daß Sie als »Sieger« daraus hervorgehen.
- Wird das Spiel zu wild, brechen Sie es mit einem »Nein« oder »Pfui« abrupt ab. Gibt der Hund keine Ruhe, schließen Sie ein paar Gehorsamsübungen an.

Spiele, die Spaß machen

Um den Hund geistig zu fordern, bieten sich vor allem kleine Geschicklichkeitsspiele an. Dafür eignet sich der Garten, aber auch der gemeinsame Spaziergang.

Ein Spaziergang dient nicht in erster Linie dazu, daß sich der Hund »entleert«. Ein Spaziergang soll dem Hund gemeinsame Erlebnisse und viele neue Eindrücke vermitteln. Deshalb ersetzt auch kein noch so großer Garten diese Art der Beschäftigung mit dem Vierbeiner. Lassen Sie den Hund z. B. auf einem umgestürzten Baumstamm balancieren oder unter einer Bank durchkriechen. Ihrem Einfallsreichtum sind keine Grenzen gesetzt. Achten Sie aber darauf, daß für den Hund kein Verletzungsrisiko besteht.

Ein gutes Spiel, das sich sehr vorteilhaft auf die Bindung auswirkt, ist das Verstecken des Besitzers. Verstecken Sie

Agility – Fitneß für Hund und Halter. Ganz konzentriert ist dieser Bobtail bei der Sache.

sich ab und zu während des Spaziergangs, ohne den Hund darauf aufmerksam zu machen. Falls er nicht selbst merkt, daß Sie verschwunden sind, rufen Sie ihn. Nun wird er Sie aufgeregt suchen. Hat er Sie gefunden, loben Sie ihn ausgiebigst. Verstecken Sie sich aber nicht zu oft und nicht immer hinter dem gleichen Baum. Sonst wird es dem Hund langweilig.

Im Garten kann man sich mit wenig Aufwand ein paar kleine Hindernisse bauen. Legen Sie z. B. über zwei Hocker eine Latte oder einen Besenstiel. Schon haben Sie ein kleines Hindernis, das der Hund überspringen kann. Ein Fernseh- oder Waschmaschinenkarton etwa kann zum Durchkriechen verwendet werden.

Hinweis: Umfangreiche Anregungen für sinnvolle Spiele drinnen und draußen bietet der GU Ratgeber »Mit Hunden spielen und trainieren« (→ Seite 126).

Hundesport im Verein

Hundefreunde, die Hundesport im Verein betreiben möchten, finden mittlerweile einige gute Möglichkeiten. Vor allem sind es sinnvolle Alternativen zur umstrittenen und für Privatpersonen unnötigen Schutzhundausbildung. Adressen erhalten Sie beim VDH (→ Adressen, Seite 125). Eine Voraussetzung für diese Sportarten ist ein zuverlässiger Gehorsam, da die Hunde überwiegend ohne Leine, zum Teil auch ohne Halsband arbeiten. Eine Begleithundeprüfung, die nahezu jeder Verein anbietet, ist ein guter »Einstieg« in den Hundesport.

Hinweis: Bevor Sie das Training beginnen, sollten Sie beim Tierarzt die Gesundheit Ihres Vierbeiners überprüfen lassen.

»Bitte spiel mit mir«, scheint dieser 5 Wochen alte Welpe sagen zu wollen.

Was sind Nesthocker?

Als Nesthocker bezeichnet man Tierkinder, die nach der Geburt völlig hilflos sind. Sie müssen so lange im Nest bleiben, bis sie sehen, hören und krabbeln können.
Junge Hunde sind Nesthocker. Erst in ihrer dritten Lebenswoche öffnen sich Augen und Ohren, und die ersten Milchzähne brechen durch. Direkt nach der Geburt findet ein Welpe aber automatisch die Zitze der Mutter. Hier saugt er Milch. Der Welpe spürt auch Wärme. Dicht kuschelt er sich an seine Mutter und Geschwister.

Hier einige Sportarten, die Vereine anbieten:

■ **Agility**

Bei dieser Geschicklichkeitssportart muß der Hund einen Hindernisparcours innerhalb einer bestimmten Zeit und unter Beachtung anderer Regeln meistern. Es gibt verschiedene Schwierigkeitsgrade und spezielle Parcours für kleine Rassen. Die Parcours bestehen aus zwölf bis zwanzig Hindernissen. Dazu gehören z.B. Wippe, Tunnel, Wassergraben, Schrägwand. Der Hundeführer läuft parallel zu den Hindernissen mit. Agility ist ein Sport, der groß »im Kommen« ist und Mensch und Hund gleichermaßen Spaß macht.

■ **Obedience**

Bei dieser Sporart handelt es sich um einen Gehorsamswettbewerb, bei dem es ebenfalls unterschiedliche Schwierigkeitsgrade gibt. Der Hund soll zeigen, daß er sowohl unter Ablenkung als auch in weiterer Entfernung vom Besitzer gehorcht und sich lenken läßt. Außerdem werden noch Aufgaben gestellt, die die Nasenarbeit des Hundes zeigen sollen. Auch das Apportieren ist ein Teil der Ausbildung.

Eine neue Variante, »Free-Style-Obedience«, ist in Amerika im Kommen. Ähnlich einer Eislaufkür führen Hund und Besitzer bei Musikbegleitung ihre »Gehorsamskür« vor.

■ **Flyball**

Diese Art der Beschäftigung ist besonders geeignet für Hunde mit einem starken Spiel- und Beutetrieb. Der Hund lernt, mit der Pfote einen bestimmten Mechanismus auszulösen, wodurch ein Tennisball aus einem kleinen Kästchen geschleudert wird. Den soll der Hund fangen und zu seinem Besitzer zurückbringen. Auf dem Weg zum Ball und zurück muß der Hund einige Hürden überspringen. Es kommt darauf an, daß der Hund diese Übung so schnell wie möglich absolviert.
Es gibt auch eine Variante, bei der statt Tennisbällen Frisbeescheiben gefangen werden.

■ **Turnierhundesport**

Zu dieser Sportart gehören vier Disziplinen: Gehorsam, Slalomlauf, Hürdensprung und Parcourslauf. Der Parcourslauf hat Ähnlichkeit mit einem Agilityparcours. Beim Turnierhundesport muß zum Teil auch der Hundeführer die Hindernisse überwinden.

Welpenspieltage und Ausbildungskurse

Mit einem Welpen empfiehlt sich der Besuch von Welpenspieltagen. Bei diesen Treffen lernen Welpen im Alter von etwa neun bis vierzehn Wochen im Spiel mit Gleichaltrigen das innerartliche Sozialverhalten. Außerdem werden sie gezielt optischen und akustischen Reizen ausgesetzt. Daneben erfahren die Besitzer wichtige Dinge rund um den Hund, und es werden erste Gehorsamsübungen gezeigt.
Wenn der Hund etwa ein halbes Jahr alt ist, ist er alt genug, um an einem Junghundekurs teilzunehmen. Auch für ältere Hunde, die noch Anfänger sind, gibt es Kurse. Die »Routiniers« können mit einem Fortgeschrittenenkurs weitermachen. In solchen Kursen wird in der Gruppe trainiert, wobei der Hund lernt, daß er auch unter Ablenkung und bei Anwesenheit von Artgenossen gehorchen muß.
Wichtig ist beim Besuch solcher Kurse allerdings, daß es gute Kurse sind. Bevor man einen schlechten Kurs besucht, ist es besser, gar keinen zu machen.

Woran man einen guten Welpenspielkurs erkennt

- Das gemeinsame Spielen und Erkunden steht im Vordergrund, keinesfalls das Üben.
- Die Welpen passen in Größe und Alter zusammen.
- Es sollten nicht mehr als acht bis zehn Welpen in einer Gruppe sein.

TIP

Für Besitzer von Rassehunden ist es empfehlenswert, sich einem Rassehundeverband anzuschließen. Hier werden rassespezifische Ausbildungen angeboten, die der jeweiligen Veranlagung des Hundes besonders entgegenkommen. Adressen der Verbände erfahren Sie beim VDH (→ Seite 125).

Selbst der Motorradstiefel wird für den Welpen zum interessanten »Spielobjekt«.

Viele Hunde lernen gerne kleine Kunststücke wie Zeitung holen oder Pfötchen geben.

■ Der Kursleiter verfügt über umfangreiche, aktuelle Erkenntnisse der Kynologie, beantwortet bereitwillig Fragen der Teilnehmer und vermittelt viel Theorie.

Woran man einen guten Ausbildungskurs erkennt

■ Im Idealfall sind in einer Gruppe fünf bis sieben, höchstens aber zehn Teilnehmer.
■ Weder Stachel- noch Würgehalsbänder sind Teilnahmebedingung.
■ Trainiert wird nicht nach veralteten »Hauruck-Methoden«, sondern nach Gesichtspunkten der »positiven Konditionierung« (→ Seite 101).
■ Der Kurs soll alltagsnah sein, das heißt, nicht nur auf dem Übungsplatz stattfinden.
■ Die Hunde werden auf leise Kommandos trainiert, nicht niedergebrüllt.
■ Der Kursleiter ist kompetent in Fragen der modernen Hundeerziehung und Entwicklung des Hundes, beantwortet Fragen und erläutert seine Methoden.
■ Der Kursleiter geht individuell auf die einzelnen Teilnehmer ein.
■ Die Hunde haben weitgehend das gleiche Ausgangsniveau.

Haltungsprobleme richtig lösen

Genauso vielfältig wie die Charaktere der verschiedenen Hunde sind, so vielfältig sind auch die Probleme, die im Zusammenleben mit dem Hund auftreten können. Häufig tauchen sie dann auf, wenn die Erziehung nicht ernsthaft genug oder gar falsch in Angriff genommen wurde oder wenn ein Hund in einem für ihn ungeeigneten Umfeld lebt. Zeigt ein Hund plötzlich auftretende Verhaltensänderungen ohne erkennbaren Grund, sollte zuerst von einem Tierarzt abgeklärt werden, ob ein organisches Leiden die Ursache sein könnte.

»Beinklammern« oder Aufreiten

Ursache: Hypersexualität, Dominanzverhalten.
Abhilfe: Auf keinen Fall sollten Sie dieses Verhalten dulden. Stellen Sie Ihren Hund dem Tierarzt vor, um festzustellen, ob er hypersexuell ist. Dann wäre eine Kastration empfehlenswert (→ Seite 71). Reitet der Hund auf, weil er dominant ist, muß es ihm nachdrücklich verwehrt werden. Beginnen Sie, die Rangordnung wieder durch »indirekte Rangeinweisungen« (→ Seite 98), Gehorsamsübungen und absolute Konsequenz zu klären.

Das »Beinklammern« ist für den Hund eine sexuelle Ersatzhandlung.

Der Hund läuft zu weit weg und hört nicht mehr

Mögliche Ursache: Zu schwache Bindung; das »Herankommen« (→ Seite 101) wurde zu wenig positiv bestärkt.
Abhilfe: Befestigen Sie zu Beginn des Spaziergangs zusätzlich zur Leine eine ca. 20 m lange Wäscheleine am Halsband Ihres Hundes. Dort, wo er frei laufen kann, leinen Sie ihn ab. Die Wäscheleine bleibt am Halsband und wird vom Hund kaum merklich am Boden mitgeschleift. Entfernt er sich weiter als zehn bis fünfzehn Meter, rufen Sie ihn zurück. Kommt er nicht, treten Sie auf die Wäscheleine und ziehen Ihren Hund schnell zu sich heran. Nun wird er gelobt und belohnt. Verfahren Sie weiter so, bis der Hund eines Tages ohne Betätigung der

Warum beißen manche Hunde?

Manchmal hat ein Hund schlimme Erfahrungen mit Menschen gemacht. Er wurde geschlagen oder mußte allein in einem Zwinger leben. Einige Hunde haben von ihren Eltern schlechte Eigenschaften geerbt. Sie beißen auch ohne Grund plötzlich zu. Außerdem gibt es Hunderassen, denen der Mensch »Schärfe« angezüchtet hat. Solche Hunde haben zum Beispiel die Aufgabe, allein auf eine Viehherde aufzupassen und sie mit allen Mitteln gegen Diebe zu verteidigen.

»Notbremse« kommt. Erst dann können Sie die Wäscheleine zu Hause lassen.

Der Hund entfernt sich vom Grundstück

Mögliche Ursachen: Beim Rüden kann eine läufige Hündin in der Umgebung schuld daran sein. Häufig ist es aber so, daß es dem Hund langweilig im Garten ist, denn hier kennt er ja bereits jeden Grashalm.
Abhilfe: Zäunen Sie einen kleinen Teil des Grundstücks ein. Lassen Sie den Hund nur selten allein im Garten, und beschäftigen Sie sich mehr mit ihm. Kein noch so großer Garten kann die artgerechte Beschäftigung ersetzen.

Der Hund liegt im Bett und auf dem Sofa

Ursache: Abgesehen davon, daß Bett und Sofa äußerst bequeme Liegeplätze für den Hund sind, kann die Duldung des Hundes auf diesen Plätzen fatale Folgen haben. Er fühlt sich plötzlich als »Herrscher« im Haus, denn solche erhöhten Liegeplätze stehen im Canidenrudel nur ranghohen Rudelmitgliedern zu.
Abhilfe: Wenn Sie zu Hause sind, entfernen Sie Ihren Hund nachdrücklich von Bett und Sofa. Um ihn auch in Ihrer Abwesenheit von diesen Plätzen fernzuhalten, gestalten Sie die Couch oder das Bett möglichst unbequem. Legen Sie z. B. mehrere harte Gegenstände wie etwa Besenstiele oder ähnliches darauf. Beim Bett können Sie die Matratzen hochkant aufstellen. Eine weitere Möglichkeit ist die Verwendung von doppelseitigem Klebeband. Ihrem Hund wird es sehr unangenehm sein, wenn er mit dem Fell festklebt.

Der Hund gräbt den Garten um

Mögliche Ursachen: Dieses Verhalten zeigt ein Hund meist dann, wenn er nicht genügend ausgelastet ist. Es gibt aber auch Hunde, die eine Veranlagung zum leidenschaftlichen Buddeln haben.
Abhilfe: Bieten Sie dem Hund mehr Abwechslung z.B. in Form von »Abenteuerspaziergängen« (→ Seite 106). Sie können Ihrem Hund auch einen Sandkasten im Garten bereitstellen, in dem er graben darf.

Der Hund stiehlt vom Tisch

Mögliche Ursache: Der Hund wurde regelmäßig vom Tisch gefüttert; er hat zu wenig Respekt vor seinem »Rudelführer«.

Abhilfe: Hier gibt es zwei Möglichkeiten.

■ Legen Sie einen präparierten »Köder« aus, also z.B. eine mit scharfem Pfeffer oder Essig eingeriebene Wurstscheibe. Finden Sie heraus, auf welche Substanz Ihr Hund am besten reagiert.

■ Legen Sie, für den Hund unauffällig, eine Scheibe Wurst oder ähnliches auf den Tisch. Beobachten Sie ihn, ebenfalls unauffällig. Nähert er sich dem »Objekt«, rufen Sie, kurz bevor der Hund die Wurst nimmt, donnernd ein »Pfui« und werfen Sie z. B mit einem Schlüsselbund oder einer Wurfkette nach ihm.

Keinesfalls mehr vom Tisch füttern!

Der Hund bettelt am Tisch

Mögliche Ursache: Erziehungsfehler.

Abhilfe: Wenn Sie Ihrem Hund niemals etwas vom Tisch füttern, wird dieses Problem nicht auftreten.

Geben Sie ihm auch nichts etwa in der Hoffnung, er wird dann Ruhe geben. Der Hund wird dann erst recht betteln. Haben Sie ihm das Betteln bereits angewöhnt und wollen es ihm wieder abgewöhnen, lassen Sie Ihren Vierbeiner das Kommando »Platz und Bleib« ausführen, während Sie essen (→ Seite 99). Sie können ihn mit diesem Kommando auch auf seinen Platz schicken. Wenn der Hund diesen Befehl nicht beherrscht, versuchen Sie es mit konsequentem Ignorieren des Bettelverhaltens.

Eine andere Möglichkeit ist die, ihm übel riechend präparierte Wurstscheiben anzubieten (→ Der Hund stiehlt vom Tisch, links).

Der Hund springt an Menschen hoch

Ursache: Natürliche Verhaltensweise. Welpen und rangniedere Caniden begrüßen ranghöhere Rudelmitglieder, indem sie deren Schnauzen ablecken. Das Hochspringen des Hundes am Menschen, um an dessen Gesicht zu gelangen, ist ebenso als freundliche Geste gemeint.

Abhilfe: Viele Menschen empfinden das Hochspringen des Hundes als Unart. Um ihm das ab- bzw. erst gar nicht anzugewöhnen, ist es wichtig, daß niemand das Anspringen duldet.

■ Kennt der Hund das Kommando »Sitz«, läßt man ihn zur Begrüßung sitzen und lobt ihn, gegebenenfalls mit einem Leckerbissen.

■ Eine weitere Möglichkeit ist, das Knie hochzuziehen, wenn der Hund springt. So wird er etwas unsanft wieder auf den Boden zurückbefördert.

■ Auch das Ignorieren des Hundes kann versucht werden. Dabei dreht sich die Person, die angesprungen wird, kommentarlos vom Hund weg. Diese Möglichkeit ist nur bei sauberen Pfoten empfehlenswert.

Der Hund verfolgt Jogger, Radfahrer, Autos

Mögliche Ursachen: Zuwenig Gehorsam; der Hund ist nicht genügend ausgelastet.

Abhilfe: Gehen Sie mit Hilfe einer langen Leine so vor, wie für das Problem »Der Hund läuft zu weit weg«, Seite 112, beschrieben. Auf diese Weise vergrößern Sie Ihren Einflußbereich enorm, und der Hund hat trotzdem Bewegungsfreiheit. Eine andere Art des Abgewöhnens geschieht mit Wasser. Setzen Sie einen Bekannten als Jogger, Radfahrer oder Beifahrer im Auto ein. Nähert sich der Hund seinem »Verfolgungsobjekt«, wird ihm vom Jogger, Radfahrer oder Beifahrer Wasser ins Gesicht geschüttet.

Der Hund frißt draußen, was er findet

Mögliche Ursachen: Mangelernährung oder Unart.
Abhilfe: Klären Sie zunächst mit einem Tierarzt ab, ob Ihrem Hund eventuell eine Substanz in der Ernährung fehlt. Liegt die Ursache nicht in der Ernährung, ist es etwas aufwendig, hier Abhilfe zu schaffen. Sammeln Sie eine ordentliche Portion begehrter »Objekte« wie z. B. Katzenhäufchen etc. und legen Sie diese auf einem Weg aus, den Sie anschließend mit dem Hund gehen werden. So wissen Sie genau, wo was liegt. Nähert sich Ihr Hund einem dieser »Köder«, donnern Sie ein lautes »Pfui« und werfen ihm einen Schlüsselbund oder ähnliches nach. Kommt er daraufhin zu Ihnen, wird er überschwenglich gelobt.

Wenn ein Hund alles frißt, was er findet, kann dies auf einen Ernährungsmangel hindeuten.

Der Hund läßt sich nicht mehr anleinen

Mögliche Ursachen: Schlechte Erfahrungen mit der Leine; das Herankommen wurde zu wenig positiv bestärkt; der Hund muß überwiegend an der Leine laufen.
Abhilfe: Befestigen Sie bereits zu Hause eine lange Wäscheleine an seinem Halsband. Läßt er sich nicht an die Leine nehmen, holen Sie ihn mittels Wäscheleine zu sich heran (→ Der Hund hört nicht mehr, Seite 112). Laufen Sie ihm nie nach. Erstens erwischen Sie ihn sowieso nicht, und

zweitens faßt er das als tolles Spiel auf.
Bringen Sie ihm grundsätzlich bei, daß er sich vor dem An- und Ableinen setzen muß.

Hundebegegnungen

Viele Hundebesitzer sind sich unsicher, wie sie sich bei der Begegnung mit anderen Hunden während des Spaziergangs verhalten sollen.
Die beste Voraussetzung für ungetrübte Freuden beim Spazierengehen sind eine normale Veranlagung und eine gute Sozialisierung des Vierbeiners. Ein solcher Hund weiß, wie er sich mit seinesgleichen verständigen muß.
Am besten ist es, wenn die Hunde frei laufen. So passiert am wenigsten. Sind sich zwei Hunde tatsächlich nicht »grün«, sollte jeder Besitzer in eine andere Richtung weitergehen und seinen Hund rufen.
Ungünstig kann es sein, wenn ein Hund angeleint ist und der andere frei läuft. Hier also entweder den freilaufenden anleinen oder den angeleinten ableinen. Sind beide sich begegnenden Hunde an der Leine, sollten sie nicht unbedingt zusammengelassen werden. An der Leine fühlen sich besonders Rüden oft sehr stark und neigen dann zu Auseinandersetzungen.
Wer einen Hund hat, der gerne rauft, sollte sich kompetenten Rat holen, um die Ursache dafür zu ergründen.
Probleme kann es auch geben, wenn sich zwei Hunde, die sich fremd sind, im »Revier« eines der beiden Hunde begegnen. Dies kann z. B. der Fall sein, wenn man mit dem eigenen Hund bei jemandem eingeladen ist, der auch einen Vierbeiner hat. Oder aber der Hund kommt zu jemandem in Pflege, der selbst einen Hund besitzt. Für diesen Fall sollte man die Hunde vorher auf neutralem Boden miteinander bekannt machen.

Die Haltung mehrerer Hunde

■ Die Haltung zweier Rüden kann zu Problemen führen, wenn beide der »Boß« sein wollen und die Rangordnung nicht ganz klar ist. Zu Unfrieden kann es auch kommen, wenn z.B. in der Nachbarschaft eine Hündin läufig ist. Ob Probleme auftreten und welcher Art sie sind, hängt

Warum beschnüffeln sich Hunde am Hinterteil?

Hunde erkennen sich an ihrem persönlichen Geruch. Dieser »Duft« wird in Drüsen gebildet. Die sogenannten Analdrüsen sitzen unter dem Ansatz des Schwanzes, also am Hinterteil des Hundes. Beriechen sich die Hunde gegenseitig am Hinterteil, erfahren sie viele wichtige Dinge voneinander. Sie wissen dann zum Beispiel, ob der andere ein Rüde oder eine Hündin ist. Auch ob sie sich mögen oder absolut nicht ausstehen können, »lesen« die Hunde am Geruch ab.

von den individuellen Charakteren der Hunde sowie beispielsweise auch von der Rasse der Tiere ab.

■ Bei der Haltung zweier Hündinnen kommt es darauf an, ob sie sich leiden können oder nicht. Wenn nicht, gibt es kaum Hoffnung auf eine Änderung. Auch wenn eine der Hündinnen läufig ist, kann dies ein Anlaß für Unstimmigkeiten sein.

■ Wer sich eine Hündin und einen Rüden hält, kann davon ausgehen, daß es zwischen den beiden zu keinen größeren Problemen kommt. Schwierig wird es aber, wenn die Hündin läufig wird. Dann muß einer der beiden für mindestens drei Wochen aus dem Haus. Manche Rüden, die mit einer Hündin zusammen gehalten werden, sind auf fremde Rüden häufig nicht gut zu sprechen. Unproblematisch ist die Haltung dann, wenn einer oder beide rechtzeitig, also mit etwa einem Jahr, kastriert werden.

■ Wer seinen älteren Vierbeiner mit einem Welpen vergesellschaften will, sollte wissen, daß man damit nicht jedem Hund einen Gefallen tut. Auf keinen Fall darf sich der Ältere zurückgesetzt oder vernachlässigt fühlen. Ein Welpe orientiert sich sehr an einem älteren Hund und wird viel Positives wie auch Negatives, übernehmen.

Grundsätzlich sollte man bei der Vergesellschaftung zweier Hunde darauf achten, daß der »Zweithund« deutlich jünger ist und eine gute Unterordnungsbereitschaft mitbringt.

Der Hund will nicht im Auto mitfahren

Mögliche Ursache: Der Hund wurde nicht von klein auf daran gewöhnt.

Abhilfe: Gewöhnen Sie den Hund allmählich mit kurzen Strecken ans Autofahren. Erwartet ihn unmittelbar nach der Fahrt etwas Tolles, wie z.B. Spielen mit Artgenossen, ein Leckerbissen oder ein Bad im See, wird er bald gerne mitfahren. Es sollte auch immer jemand mitfahren, der während der Fahrt dafür sorgt, daß der Hund auf dem ihm zugedachten Platz bleibt und ihn gegebenenfalls beruhigt. Größere Hunde sind zweckmäßigerweise im Heck eines Kombis gut untergebracht. Der Laderaum muß jedoch aus Sicherheitsgründen vom Fahrgastraum durch ein Gitter oder ähnliches abgetrennt sein. Wer keinen Kombi oder einen kleineren Hund hat, sollte ihn auf dem Rücksitz mit einem speziellen Hundesicherheitsgurt unterbringen.

Ein Hund, der nicht ausgelastet ist, sucht sich oft selbst Beschäftigung.

Mein Hund

Hier ist Platz für das Lieblingsfoto.

Name

Geboren am

Züchter/Zoofachhandlung

Geschlecht

Tätowierungsnummer

Rasse/Farbe

Gewicht am

Besonderes Kennzeichen

Lieblingsfutter

Typisch für meinen Hund

Impfungen

Tierarzt, Name, Adresse

Die **halbfett** gesetzten Seitenzahlen verweisen auf Farbfotos und Zeichnungen.

Der eigene Schlafplatz ist für einen Hund sehr wichtig. Er gibt ihm Geborgenheit und Sicherheit.

Der intensive Nasenkontakt läßt darauf schließen, daß sich diese belden gut verstehen.

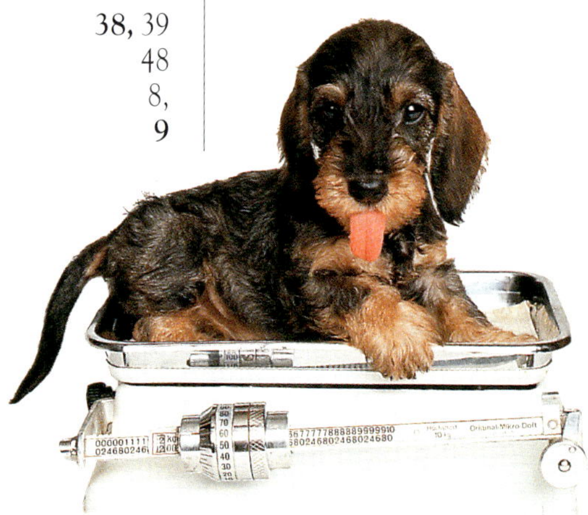

Dieser acht Wochen alte Rauhhaardackel wird regelmäßig gewogen.

Adressen die weiterhelfen

Fédération Cynologique Internationale (FCI), 13 Place Albert I, B-6530 Thuin/Belgien

Verband für das Deutsche Hundewesen e.V. (VDH), Postfach 104 154, 44041 Dortmund

Österreichischer Kynologenverband (ÖKV), Johann-Teufel-Gasse 8, A-1230 Wien

Schweizerische Kynologische Gesellschaft (SKG/SCS), Länggaßstr. 8, CH-3001 Bern

Anschriften von Hundeclubs und -vereinen können Sie bei den vorgenannten Verbänden erfragen.

Fragen zur Hundehaltung beantworten auch

Ihr Zoofachhändler und der Zentralverband Zoologischer Fachbetriebe Deutschlands e.V. , 63225 Langen, Tel. 06103/910732 (nur telefonische Auskunft möglich) www.zzf.de

Haftpflichtversicherung

Fast alle Versicherungen bieten auch Haftpflichtversicherungen für Hunde an.

Krankenversicherung

Uelzener Allgemeine Versicherungsgesellschaft AG, Postfach 2163 29511 Uelzen

AGILA Haustierkrankenversicherung AG Breite Str. 6 – 8 30159 Hannover

Registrierung von Hunden

Haustier-Zentralregister für die BRD e.V. TASSO, Frankfurter Str. 20 65795 Hattersheim www.tiernotruf.org

Wer seinen Hund vor Tierfängern und dem Tod im Versuchslabor schützen will, kann ihn hier registrieren lassen. Die Eintragung sowie die computergesteuerte Suche bei Vermißtenmeldung sind kostenlos.

Bücher, die weiterhelfen

(falls nicht im Buchhandel, dann in Bibliotheken erhältlich)

Krämer, Eva-Maria: *Der Kosmos-Hundeführer*. Franckh-Kosmos Verlag, Stuttgart.

Ludwig, Gerd: *Mit dem Hund spielen und trainieren*. Gräfe und Unzer Verlag, München.

Schlegl-Kofler, Katharina: *Unser Welpe*. Gräfe und Unzer Verlag, München.

Schlegl-Kofler, Katharina: *Hundeschule für jeden Tag*. Gräfe und Unzer Verlag, München.

Stein, Petra: *Naturheilpraxis Hunde*. Gräfe und Unzer Verlag, München.

Warrlich, Anne: *Tiersprechstunde. So bleibt mein Hund gesund*. Gräfe und Unzer Verlag, München.

Weidt, Heinz/Berlowitz, Dina: *Spielend vom Welpen zum Hund*. Naturbuch Verlag, Augsburg.

Zeitschriften

Der Hund
Deutscher Bauernverlag GmbH,
Wilhelmsaue 36/37,
10713 Berlin

Unser Rassehund
Herausgegeben vom Verband für das Deutsche Hundewesen e.V., Postfach 104 154,
44041 Dortmund

Partner Hund
Gong Verlag,
Nordendstr. 64,
80801 München

Die Autorin

Katharina Schlegl-Kofler beschäftigt sich schon viele Jahre mit artgerechter Hundehaltung und -erziehung. Sie hält selbst Retriever. Seit Jahren führt sie Welpenspieltage und Erziehungskurse für Hunde aller Rassen durch.

Die Fotografin

Die Fotos in diesem Buch stammen von Monika Wegler. Sie ist Berufsfotografin, Journalistin und Tierbuch-Autorin. Schwerpunkte Ihrer Arbeit waren in den letzten Jahren Tierporträts sowie Verhaltens- und Bewegungsstudien von Katzen und Hunden.

Die Zeichnerin

Renate Holzner arbeitet als freie Illustratorin in Regensburg. Ihr breites Repertoire reicht von Strichzeichnungen über fotorealistische Illustrationen bis hin zur Computergrafik.

Dank

Autor und Verlag danken Herrn Dr. med. vet. Werner Kandlbinder für die Durchsicht des Kapitels Gesundheitsvorsorge und Krankheiten sowie Herrn Reinhard Hahn für den Beitrag »Rechtsfragen zur Hundehaltung«.

Fotos: Buchumschlag und Innenteil

Umschlagvorderseite:
Mischling (großes Foto);
Basset-Mischling (kleines Foto).
Seite 2/3: Akita Inu.
Seite 6/7: Golden Retriever.
Seite 50/51: Bayerische Gebirgsschweißhunde.
Seite 84/85: Golden Retriever.
Umschlagrückseite:
Yorkshire Terrier (Freisteller);
Spiel und Sport tut dem Hund gut (Foto oben);
englische Bulldoggen (Foto Mitte); Mädchen mit jungem Kromfohrländer (Foto unten).

Impressum

Redaktion: Gabriele Linke-Grün, Anita Zellner
Umschlaggestaltung und Layout: Heinz Kraxenberger
Zeichnungen: Renate Holzner
Herstellung: Heide Blut/Verena Römer
Satz: Heide Blut
Reproduktion: Penta Repro
Druck und Bindung: Appl

ISBN 3-7742-5094-4

Auflage	4.	3.	2.
Jahr	2003	02	01

Bild rechts: Liebenswerte Hunde sind die fröhlichen und intelligenten Tibet Terrier.

Wichtige Hinweise

In diesem GU Ratgeber geht es um die Haltung und Pflege von Hunden. Autorin und Verlag halten es für wichtig, darauf hinzuweisen, daß sich die Haltungsregeln dieses Ratgebers auf normal entwickelte Jungtiere aus guter Zucht beziehen, also auf gesunde, charakterlich einwandfreie Tiere. Wer einen erwachsenen Hund zu sich nimmt, muß sich bewußt sein, daß dieser bereits wesentliche Prägungen durch den Menschen erfahren hat. Er sollte den Hund besonders genau beobachten, auch in seinem Verhalten zum Menschen; er sollte sich auch den bisherigen Besitzer ansehen. Ist der Hund aus einem Tierheim, so kann dieses über die Herkunft des Hundes und seine Eigenheiten eventuell Auskunft geben. Es gibt Hunde, die aufgrund schlechter Erfahrungen mit Menschen in ihrem Verhalten auffällig sind, vielleicht auch zum Beißen neigen. Diese Hunde sollten nur von erfahrenen Hundehaltern aufgenommen werden. Auch bei gut erzogenen Hunden und sorgfältig beaufsichtigten Hunden besteht die Möglichkeit, daß sie Schäden an fremdem Eigentum anrichten oder gar Unfälle verursachen. Ein ausreichender Versicherungsschutz liegt im Eigeninteresse; der Abschluß einer Hundehaftpflicht-Versicherung ist in jedem Fall dringend zu empfehlen.

Hunde-Ratespiel (hintere Buchklappe) Auflösung

1a *(→ Die Sinnesleistungen, Seite 86).*

2b *(→ Andere Heimtiere, Seite 19).*

3b *(→ Welpenspieltage und Ausbildungskurse, Seite 110)*

4b *(→ Die Entwicklungsphasen des Welpen, Seite 82 und Foto, Seite 21).*

5a *(→ Die ersten Stunden, Seite 94).*

6b *(→ Der Hund und seine Geschichte, Seite 8).*

7a *(→ Beschäftigung hält Geist und Körper fit, Seite 106)*

8b *(→ Die Auswahl des Welpen, Seite 25).*

9a *(→ Baden, Seite 65).*

Das Hunde-Ratespiel

Hier kannst du testen, wieviel du schon über deinen Freund, den Hund, weißt. Kreuze bei jedem Bild die richtige Antwort an. Die Auflösung findest du im Buch auf der Seite 127.

Ein richtiger »Wonneproppen« ist dieser kleine Mischlingswelpe.

1
- ☐ *a) Sein Geruchssinn ist am besten ausgeprägt.*
- ☐ *b) Das Sehen ist am besten ausgeprägt.*

2
- ☐ *a) Hund und Katze verstehen sich von Natur aus gut miteinander.*
- ☐ *b) Sie müssen vorsichtig aneinander gewöhnt werden.*